SÉRIE TEORIA E PRÁTICA DAS ARTES VISUAIS

Projetos culturais e de ensino das artes visuais em diferentes contextos

Leonardo Mèrcher

2ª edição

intersaberes

Rua Clara Vendramin, 58 · Mossunguê · CEP 81200-170 · Curitiba · PR · Brasil
Fone: (41) 2106-4170 · www.intersaberes.com · editora@intersaberes.com

Conselho editorial
Dr. Alexandre Coutinho Pagliarini
Drª Elena Godoy
Dr. Neri dos Santos
Mª María Lúcia Prado Sabatella

Editora-chefe
Lindsay Azambuja

Gerente editorial
Ariadne Nunes Wenger

Assistente editorial
Daniela Viroli Pereira Pinto

Edição de texto
Monique Francis Fagundes Gonçalves

Capa
Sílvio Gabriel Spannenberg (*design*)
Gordan/Shutterstock (imagem)

Projeto gráfico
Conduta Design (*design*)
AnjelikaGr/Shutterstock (imagem)

Diagramação
Renata Silveira

Equipe de *design*
Sílvio Gabriel Spannenberg

Iconografia
Regina Claudia Cruz Prestes

Dados Internacionais de Catalogação na Publicação (CIP)
(Câmara Brasileira do Livro, SP, Brasil)

Mèrcher, Leonardo
  Projetos culturais e de ensino das artes visuais em diferentes contextos / Leonardo Mèrcher. -- 2. ed. -- Curitiba, PR : Editora Intersaberes, 2023. -- (Série teoria e prática das artes visuais)

  Bibliografia.
  ISBN 978-85-227-0427-9

  1. Artes - Estudo e ensino 2. Artes visuais I. Título. II. Série.

23-140928   CDD-700.7

Índices para catálogo sistemático:

1. Artes: Estudo e ensino 700.7

Eliete Marques da Silva - Bibliotecária - CRB-8/9380

1ª edição, 2018.
2ª edição, 2023.
Foi feito o depósito legal.
Informamos que é de inteira responsabilidade do autor a emissão de conceitos.
Nenhuma parte desta publicação poderá ser reproduzida por qualquer meio ou forma sem a prévia autorização da Editora InterSaberes.
A violação dos direitos autorais é crime estabelecido na Lei n. 9.610/1998 e punido pelo art. 184 do Código Penal.

Sumário

Apresentação ... 7
Organização didático-pedagógica ... 11
Introdução ... 15

1 Cultura e sociedade ... 19
   1.1 Cultura como direito fundamental ... 22
   1.2 Estado e direito cultural ... 27
   1.3 Transferência e difusão de políticas públicas ... 32
   1.4 Cultura e regimes internacionais ... 37
   1.5 Cultura, arte e sociedade no Brasil ... 42

2 Diferentes contextos sociais ... 53
   2.1 Sociedades materialistas e pós-materialistas ... 57
   2.2 Diversidade social: cenários rurais ... 60
   2.3 Diversidade social: cenários urbano-periféricos ... 65
   2.4 Diversidade social: cenários patrimoniais e ambientais ... 70
   2.5 Diversidade social: cenários de minorias de direitos ... 75

3 Elaboração de projetos artístico-culturais e de ensino das artes ... 87
   3.1 Elaboração de projetos ... 91
   3.2 Editais, licitações e suas principais regras ... 98
   3.3 Cotas e contrapartidas: em busca de financiamento ... 103
   3.4 Gestão financeira e de pessoal em um projeto ... 107
   3.5 Projetos não acabam quando terminam: monitoramento de resultados ... 112

4 Possibilidades artísticas em diferentes contextos ... 121
   4.1 Poéticas: considerações sobre projetos pessoais ... 125
   4.2 Coletivos artísticos ... 128
   4.3 Possibilidades artísticas em zonas rurais ... 131
   4.4 Possibilidades artísticas em zonas urbano-periféricas ... 133
   4.5 Residências artísticas e ateliês abertos ... 136

5 Possibilidades culturais em diferentes contextos — **147**
- 5.1 Sistema institucional local para cultura — 151
- 5.2 Possibilidades em audiovisual — 155
- 5.3 Festivais integradores: literatura, música, dança e teatro — 158
- 5.4 Resgate da memória e valorização patrimonial — 161
- 5.5 Debates socioculturais: gêneros, minorias, integração e fronteiras — 165

6 Possibilidades de ensino das artes em diferentes contextos — **175**
- 6.1 Do mundo para a sala de aula: possibilidades nas artes — 181
- 6.2 Da sala de aula para o mundo: possibilidades nas artes — 184
- 6.3 Possibilidades de projetos em comunidades étnicas — 187
- 6.4 Projetos em zonas urbano-periféricas — 192
- 6.5 Projetos integradores: as artes e outras disciplinas — 194

Considerações finais — 203
Referências — 205
Bibliografia comentada — 209
Respostas — 221
Sobre o autor — 223

Apresentação

O presente livro foi pensado e estruturado para auxiliar artistas, agentes culturais e professores a iniciar suas práticas em estrutura de projetos. Isso significa que, apesar de muitos projetos serem simples, também podem ser apresentados para financiamento em editais ou em busca de patrocínio direto. Os projetos não precisam ser criados apenas para editais; há também projetos autônomos, coletivos, de baixo custo e que atendem a diferentes contextos, especialmente os socialmente afastados dos tradicionais circuitos artísticos e culturais dos grandes centros urbanos.

Para melhor organizar a leitura, este livro foi organizado em seis capítulos, e cada um deles apresenta cinco seções específicas sobre o tema. No Capítulo 1, tratamos de cultura e sociedade. Nele, expomos a relação entre indivíduos, direitos, tradições e valores que constroem culturalmente a sociedade, que, por sua vez, garante o direito à cultura por meio do Estado. Abordamos também a cultura como direito fundamental, ou seja, as origens das concepções de *cultura* e *sociedade*, e de que forma a cultura se manifesta como um direito em universalização. Isso é importante para compreender o Estado e as garantias ao direito cultural. Nesse contexto, analisamos como políticas públicas podem favorecer as ações artísticas e culturais e como a ausência do Estado pode dificultar o acesso à cultura e demandar iniciativas populares de fomento a esse direito.

Ainda no primeiro capítulo, instrumentalizamos as concepções de *difusão* e *transferência* de políticas públicas como uma possibilidade de cópias de modelos e práticas artístico-culturais e de ensino. Olhar para o que já foi feito é fundamental para que o artista, o agente cultural ou o professor não cometa os mesmos erros, devendo utilizar os resultados obtidos por terceiros para mostrar que projetos semelhantes podem dar certo na hora de pedir apoio e financiamentos. Também discutimos as diretrizes dos principais regimes internacionais sobre a cultura que fiscalizam e orientam as práticas em espaços institucionais. Logo em seguida, olhamos para as artes e a sociedade no Brasil, indicando a diversidade de contextos do país.

No Capítulo 2, o tema gira em torno dos diferentes contextos sociais. Aqui, preocupamo-nos em escolher alguns casos de projetos artísticos, culturais e de ensino em cenários diversos, como os rurais e os urbanos. Explicamos que existem sociedades em níveis materiais e pós-materiais e que, consequentemente, algumas sociedades facilitam projetos artístico-culturais, outras priorizam a segurança e a sobrevivência do indivíduo no dia a dia. Essa característica impacta, por exemplo, o modo como agentes, financiadores e proponentes de projetos enxergam as prioridades em sua elaboração e execução. Examinamos, ainda, os contextos rurais, urbano-periféricos, patrimoniais e das minorias, tratando-os como espaços de desafios e de oportunidades.

No Capítulo 3, abordamos um conteúdo mais específico para a elaboração de projetos artísticos, culturais e de ensino das artes visuais. Exploramos um exemplo de edital, bem como a melhor maneira de pensar estrategicamente uma possível candidatura e execução. Destacamos os principais pontos – ou, ao menos, os necessários – para iniciar um projeto de ação ou de captação de recursos, como a diferenciação entre licitações, editais e iniciativas autônomas. Na sequência, reunimos dicas sobre cotas e contrapartidas, que podem favorecer o financiamento e o apoio de agentes governamentais e privados, e sobre gestão e monitoração do projeto no que se refere a custos e recursos humanos. Dada a complexidade de realizar projetos, a linguagem deste capítulo é simples e objetiva, favorecendo a organização das ideias em uma forma muito comum à elaboração da maioria dos projetos em nosso país.

Nos três últimos capítulos, passamos a tratar de possibilidades de iniciativas, práticas e projetos nos diversos contextos sociais e culturais. No Capítulo 4, abordamos o artista como produtor, ou seja, o desenvolvimento de sua poética visual em meio aos cenários rurais e urbanos em atividades autônomas ou por coletivos. Além disso, apresentamos possibilidades de residência artística e novas práticas, como os ateliês abertos.

No Capítulo 5, o foco deixa de ser o artista e passa a ser o agente cultural. Nessa escolha, a produção individual dos artistas dá lugar às iniciativas que pensam o coletivo em diversas possibilidades, como nas linguagens artísticas, nas preservações patrimonial e da memória e no apoio a minorias sociais e a festivais.

Enfim, o Capítulo 6 trata das possibilidades de projetos na dimensão do ensino das artes visuais. Compreender as artes visuais não somente como disciplina autônoma, mas também como caminho da interdisciplinaridade é a proposta deste último capítulo. Tratamos das possibilidades, dentro e fora da sala de aula, do ensino das artes em comunidades étnicas e nos demais contextos já mencionados anteriormente.

Desejamos uma boa leitura e que, em breve, suas ideias saiam da mente e alcancem outras pessoas. Não perca a oportunidade de mudar sua vida e a dos demais apenas por receios de nunca ter realizado um projeto.

Organização didático-pedagógica

Esta seção tem a finalidade de apresentar os recursos de aprendizagem utilizados no decorrer da obra, de modo a evidenciar os aspectos didático-pedagógicos que nortearam o planejamento do material e como o aluno/leitor pode tirar o melhor proveito dos conteúdos para seu aprendizado.

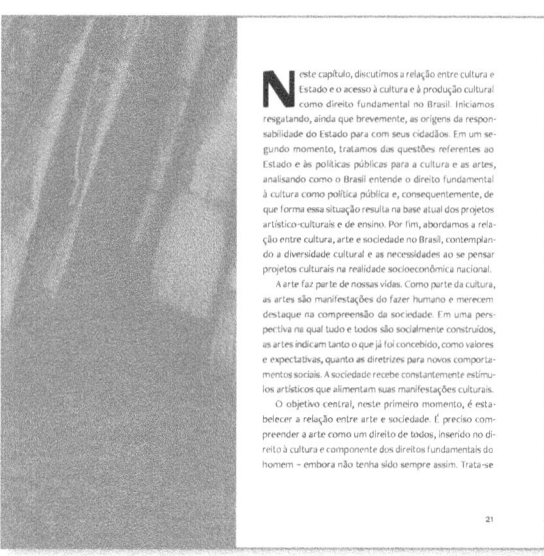

Introdução ao capítulo

Logo na abertura do capítulo, você é informado a respeito dos conteúdos que nele serão abordados, bem como dos objetivos que o autor pretende alcançar.

Síntese

Você conta, nesta seção, com um recurso que o instigará a fazer uma reflexão sobre os conteúdos estudados, de modo a contribuir para que as conclusões a que você chegou sejam reafirmadas ou redefinidas.

Indicações culturais

Nesta seção, o autor oferece algumas indicações de livros, filmes ou *sites* que podem ajudá-lo a refletir sobre os conteúdos estudados e permitir o aprofundamento em seu processo de aprendizagem.

Atividades de autoavaliação

Com estas questões objetivas, você tem a oportunidade de verificar o grau de assimilação dos conceitos examinados, motivando-se a progredir em seus estudos e a se preparar para outras atividades avaliativas.

Atividades de aprendizagem

Aqui você dispõe de questões cujo objetivo é levá-lo a analisar criticamente determinado assunto e a aproximar conhecimentos teóricos e práticos.

Bibliografia comentada

Nesta seção, você encontra comentários acerca de algumas obras de referência para o estudo dos temas examinados.

Introdução

A prática das artes exige flexibilidade de quem a escolhe. O artista, o agente cultural ou o professor não podem se desvincular da realidade social, econômica e política em que se inserem. Diante dessa pluralidade de cenários, neste livro, buscamos refletir sobre a prática das artes e a realidade social. Com o intuito de trazer ideias e dicas de organização estratégica de projetos, o objetivo geral deste trabalho é auxiliar o artista, o agente cultural e o professor de Artes Visuais a fomentar pequenas mudanças em seu contexto por meio de iniciativas pessoais e coletivas.

Cenários urbanos e rurais, questões patrimoniais, ambientais e tecnológicas, bem como tantos outros aspectos que perpassam nossas práticas cotidianas podem conter oportunidades de crescimento profissional, desenvolvimento social e melhoria nos processos didático-pedagógicos dos alunos. O olhar atento e a sensibilidade são ferramentas necessárias para a construção de uma sociedade mais justa – e também de uma carreira mais sólida.

A elaboração e a execução de projetos não são tarefas simples. As regras, as formas e as expectativas se alteram a cada momento e de acordo com cada localidade. Leis de incentivo, estratégias de captação de recurso, gestão de pessoal e monitoramento de resultados integram uma dinâmica que, em um primeiro momento, pode assustar. Por esse motivo, tentamos, aqui, abordar esses temas de forma didática.

Da elaboração de projetos, passando por sua execução, até chegar aos resultados, diferentes contextos sociais de nosso país serão tratados como cenários determinantes nas escolhas de práticas e iniciativas. Superar os muros da escola e trazer o mundo para a sala de aula, bem como levar a aula para o espaço público e para ateliês de artistas garantem bons resultados. Além disso, modelos interdisciplinares e inclusivos sustentam o conteúdo aqui apresentado.

Contudo, não enfocamos apenas o ensino das artes, mas também o desenvolvimento das poéticas visuais. Para o artista praticante, licenciado ou bacharel, compreender um pouco mais sobre sua poética e o contexto em que se encontra pode favorecer ganhos e a construção de uma produção mais coerente com as possibilidades locais e o sistema artístico-cultural de sua região. Da mesma forma, para o agente cultural, que administra carreiras e projetos plurais, guardamos um momento específico para tratar de projetos e possibilidades em contextos diversos.

O direito à cultura é uma garantia do Estado. Apesar disso, os governos têm dificuldades em solucionar obstáculos que impedem que esse direito seja cumprido plenamente. Portanto, dos artistas, agentes culturais e professores também são demandadas iniciativas que auxiliem o cumprimento desse direito da melhor forma possível. Da prática à gestão, da sensibilidade ao planejamento estratégico, o intuito aqui é estimular iniciativas que possam, pontualmente, colaborar para o desenvolvimento de todo o país.

As artes visuais constituem-se em um campo rico de oportunidades, mas também há inúmeros desafios a serem enfrentados. Por isso, ao ler o presente material, busque em suas experiências e em outras referências as respostas às perguntas que forem surgindo. Este livro não tem o intuito de esgotar o tema e, por conseguinte, é possível que permaneçam algumas questões relevantes. As que não puderem ser sanadas na leitura devem ser elucidadas com leituras complementares, como as indicadas nas referências e em pesquisas diversas.

Um exemplo são as fontes de financiamento e as regras de captação de recursos. Cada edital tem regras específicas, da mesma forma que cada agente apoiador e financiador pode exigir contrapartidas e obrigações distintas. Ler os editais, conhecer as políticas e os interesses de possíveis apoiadores é desenvolver pesquisas para além da presente leitura, por se tratar de questões muito específicas de sua localidade e seus interesses.

Cultura e sociedade

Neste capítulo, discutimos a relação entre cultura e Estado e o acesso à cultura e à produção cultural como direito fundamental no Brasil. Iniciamos resgatando, ainda que brevemente, as origens da responsabilidade do Estado para com seus cidadãos. Em um segundo momento, tratamos das questões referentes ao Estado e às políticas públicas para a cultura e as artes, analisando como o Brasil entende o direito fundamental à cultura como política pública e, consequentemente, de que forma essa situação resulta na base atual dos projetos artístico-culturais e de ensino. Por fim, abordamos a relação entre cultura, arte e sociedade no Brasil, contemplando a diversidade cultural e as necessidades ao se pensar projetos culturais na realidade socioeconômica nacional.

A arte faz parte de nossas vidas. Como parte da cultura, as artes são manifestações do fazer humano e merecem destaque na compreensão da sociedade. Em uma perspectiva na qual tudo e todos são socialmente construídos, as artes indicam tanto o que já foi concebido, como valores e expectativas, quanto as diretrizes para novos comportamentos sociais. A sociedade recebe constantemente estímulos artísticos que alimentam suas manifestações culturais.

O objetivo central, neste primeiro momento, é estabelecer a relação entre arte e sociedade. É preciso compreender a arte como um direito de todos, inserido no direito à cultura e componente dos direitos fundamentais do homem – embora não tenha sido sempre assim. Trata-se de uma construção histórica: em determinado momento, a cultura tornou-se assunto do Estado, passando da esfera privada para a pública. Vamos tratar ainda da função do Estado e das políticas públicas voltadas às artes, bem como dos regimes internacionais, que, pouco a pouco, apontam para a não homogeneização das políticas culturais – visto que cada nação tem suas peculiaridades. No caso do Brasil, por exemplo, além das particularidades nacionais, existem os diferentes contextos sociais que se relacionam entre si e anseiam por cultura e artes de forma específica.

Você talvez já tenha lido ou assistido a debates na grande mídia sobre as artes e a cultura como direitos, mas será que tem plena compreensão do significado disso? Para que essa pergunta possa ser respondida sob um olhar crítico, organizamos o capítulo de forma a facilitar o entendimento de algo tão abstrato como a cultura, abordando as dinâmicas reais que nos cercam cotidianamente. Nosso intuito não é trazer verdades absolutas, mas apenas observações de anos de experiência na prática e no ensino das artes visuais. É importante sempre questionar o conteúdo e buscar outras referências – só assim o conhecimento pode avançar e possibilitar mudanças significativas em nossa realidade.

Após o estudo deste capítulo, esperamos que você compreenda o que é cultura, ainda que apenas uma de suas faces, e como ela se coloca como um direito ao cidadão. Também desejamos que identifique as responsabilidades do Estado em relação à cultura, ainda que em muitos casos elas sejam descumpridas – por má-fé pública e, principalmente, por ineficiência de gestão diante de contextos sociais mais frágeis. O objetivo central do conteúdo que segue é a compreensão da relevância da iniciativa individual para o fomento da cultura, das artes e do ensino em nosso país.

1.1 Cultura como direito fundamental

A percepção de cultura[1] só existe porque existe o outro – o diferente. Durante muito tempo, os povos antigos chamaram de *tradição* e *ordem* o que se compreende hoje como *cultura*. A ordem das coisas era sempre vista como o caminho para se viver em sociedade. A comida, as ferramentas, as vestimentas,

---

[1] A definição e o debate sobre *cultura* são amplos e podem ser pesquisados em outros autores que apontam perspectivas complementares e distintas sobre o tema, como Rayomnd Williams, Stuart Hall, Homi K. Bhabha e outros.

o modo de se portar em público, o casamento, a concepção de família e todos os saberes de um povo eram, na verdade, um acúmulo de tradições que iam se perpetuando ao longo do tempo.

No entanto, a espécie humana tende a se expandir e explorar novos territórios em busca de alimento e de qualidade de vida. Assim, diversas civilizações passaram a comercializar entre si e, em muitos casos, a guerrear e a conquistar os povos vizinhos. Nesses processos – que ocorreram entre babilônios e hebreus, romanos e celtas, europeus e ameríndios, por exemplo –, as tradições de povos distintos se mesclaram, e a partir da **diferença** das tradições e dos saberes do outro, os povos se percebiam.

Essa percepção dos próprios saberes e tradições como uma escolha – e não como o naturalmente certo, ou seja, dado pela natureza – fez com que indivíduos passassem a questionar as regras socialmente estabelecidas sobre a vida de suas sociedades. Filósofos, cientistas, políticos e, em alguns casos, até religiosos questionaram regras e tradições vigentes em busca de uma melhoria social. O Renascimento, por exemplo, foi um desses momentos na cultura ocidental europeia.

Na Europa, o contato entre culturas, resultado das relações comerciais com os persas, árabes, hindus, sínicos (atuais chineses) e povos americanos e africanos, instigou o questionamento dos hábitos e das tradições entre os próprios europeus. Nas artes, na política e na religião, diversos pensadores passaram a questionar as dinâmicas do certo e do errado, do moralmente aceitável e do imoral. Leonardo da Vinci, Nicolau Maquiavel, Thomas Hobbes, John Locke, Jean-Jacques Rousseau e tantos outros são exemplos de questionadores dos costumes durante a Idade Moderna.

Esses questionamentos levaram a verdadeiras reformas e até a revoluções nas tradições religiosas, políticas e sociais. Uma delas, guiada pelos pensamentos dos iluministas, como Jean-Jacques Rousseau, defendia os direitos fundamentais do homem como uma responsabilidade do Estado. Mas o que são os direitos fundamentais e o que é o Estado?

Os **direitos fundamentais** são consequência da preocupação de teóricos tidos como contratualistas e, em alguns casos, liberais, como John Locke, que defendia que o Estado existia para garantir ao menos três direitos fundamentais do homem: a vida, a liberdade e a propriedade privada. Esses três direitos não poderiam ser violados, caso contrário, não existiriam ordem e desenvolvimento nas sociedades, mas apenas terror e insegurança.

O **Estado**, conforme as definições mais clássicas, como a de Roberto Bobbio, é a união entre população, território e governo. O Estado, de forma simplificada, seria uma população que vive em determinado território e escolhe um tipo de governo para promover o desenvolvimento e a segurança da região. Evidentemente, existem diversos questionamentos a respeito do Estado, bem como dessa definição.

Contudo, o relevante neste momento é a distinção entre *Estado* e *governo* (e governantes). O *Estado* é o contrato social (Constituição Federal, no caso do Brasil) construído por valores e tradições da sociedade para manter a ordem. Como o Brasil nasceu de concepções sociais e políticas europeias, nosso Estado é composto pelos brasileiros, pelo território nacional e pela estrutura burocrática de governo (as leis, os burocratas e os governantes).

Mas, e a cultura como um direito fundamental? A cultura, como manifestação de nossos saberes, valores e tradições, é nossa identidade – a identidade de um povo constrói a concepção de *nação* e, por conseguinte, a de *Estado democrático de direito*.

Durante a Revolução Francesa, ao final do século XVIII, os iluministas e os revoltosos questionaram valores culturais que perpetuavam o absolutismo como forma de governo. Culturalmente, o Estado francês era determinado pelo rei, que conquistava ou perdia territórios, cuja população, por sua vez, virava ou deixava de ser francesa. Nesse contexto, o rei determinava o território, que determinava a população. Os revoltosos buscavam que o povo determinasse o território (onde morasse um indivíduo que se autodenominasse francês, ali seria território dos franceses) e o governo – e conseguiram.

Como o povo passou a escolher quem governava, consequentemente, passou a escolher também, de forma direta e indireta, as novas leis e funções do Estado. A cultura, como parte fundamental da identificação de um povo e do Estado, passou a ser valorizada e protegida por lei no final da Idade Moderna, permanecendo assim na Idade Contemporânea.

Inicialmente, foram protegidos os símbolos nacionais (culturais), como bandeiras, cores, língua, edificações e marcos históricos. Posteriormente, essa proteção foi estendida ao direito de livre manifestação cultural, como a liberdade religiosa e seus símbolos, as festividades, a moda, as artes e tantas outras. Vale lembrar que, durante a Idade Média e boa parte da Idade Moderna, apenas os artesãos e os artistas com autorização real – por meio de oficinas e academias de artes – é que podiam exercer sua produção; àqueles que não tinham essa autorização não era permitido viver de arte e, muitas vezes, nem expor trabalhos ao público.

A liberdade alcançada pelos indivíduos trouxe a noção de *direito cultural*: para garantir liberdade e identidade, é preciso que o Estado assegure a cultura e suas dimensões como um direito fundamental, tão importante quanto a vida. A partir de então, fica inviável pensar a vida e a ordem social sem a cultura. Assim, nos diversos contratos sociais existentes ao redor do mundo – como a Constituição Federal de 1988 – a cultura está presente como um direito em suas diversas formas e manifestações.

No Brasil, a cultura se manifesta como direito na medida em que o Estado brasileiro defende políticas públicas que:

- protegem o patrimônio histórico e artístico nacional;
- financiam a iniciativa cultural de artistas, instituições e empresas;
- delimitam valores e orientações às concepções de identidade nacional, como hino, língua, liberdade religiosa, cores e bandeiras;
- cooperam com outras nações, como Portugal, Nigéria, Argentina e outras, por vínculos culturais.

Portanto, o Estado brasileiro garante, como direitos fundamentais, o acesso à cultura e a **livre manifestação cultural**. E quando a livre manifestação cultural violar outros direitos de um cidadão? Nesse caso, é importante entender que a liberdade não é irrestrita, ela deve seguir preceitos de ordem e de respeito aos demais direitos presentes no contrato social. Por isso, a liberdade cultural como um direito não significa libertinagem ou anarquia cultural, pois será sempre cerceada pelos demais direitos presentes na Constituição.

Mas, e a cultura como um direito fundamental?
A cultura, como manifestação de nossos saberes, valores e tradições, é nossa identidade – a identidade de um povo constrói a concepção de *nação* e, por conseguinte, a de *Estado democrático de direito*.

Contudo, vale ressaltar que nem tudo está contemplado em uma Constituição. Por isso, muitos direitos culturais estão previstos em códigos, estatutos, leis e demais normas federais, estaduais e municipais. Esse conjunto legislativo complementa as Constituições nacionais e tem mais flexibilidade de alteração do que estas, que precisam ser mais sucintas e estáveis.

Nesse pensamento, é importante compreender que, para os profissionais de artes visuais e todos os demais da cultura, as transformações jurídicas e de tradições sociais precisam ser constantemente monitoradas – não apenas assistidas. Sempre que possível, deve haver participação direta nos debates públicos e na execução de projetos de bem comum.

Ideias constroem atitudes, que, por sua vez, constroem a realidade. Esse pensamento é uma concepção comum de pensadores e teóricos **construtivistas**, que estão em diversas ciências, como a pedagogia e as relações internacionais, e também nas artes. Essa visão defende que tudo na organização humana é uma escolha – de nossos antepassados ou nossa de manter as coisas como estão. Portanto, essa organização não é naturalmente dada, ou seja, não vivemos em uma república federativa sem pena de morte e falando português porque a natureza e a biologia quiseram assim.

A sociedade é formada por nossas escolhas, que sempre estarão em situação ou oposição aos valores culturais vigentes. Para ampliar a capacidade de autocrítica, é importante haver diversidade cultural. Com a diversidade cultural, podemos sempre ser confrontados com o diferente e estimular continuamente nossos questionamentos quanto ao funcionamento de todas as coisas.

A cultura como direito é algo construído – ainda que ela sempre tenha existido. O que percebemos hoje é uma especificação da cultura por leis e práticas públicas. A própria definição de *cultura* é ampla e varia conforme o agente que a pronuncia. Destacamos aqui a definição usada pela Mondiacult 82 – Conferência Mundial Sobre Políticas Culturais das Nações Unidas, que ocorreu no México em 1982:

> a cultura hoje pode ser considerada o complexo dos distintivos traços espirituais, materiais, intelectuais e afetivos que caracterizam uma sociedade ou um grupo social. Ela engloba não só as artes e das letras, mas também os modos de vida, os direitos fundamentais do ser humano, sistemas de valores, tradições e crenças. (Unesco, 1982, p. 41, tradução nossa)

Essa definição, adotada por muitas nações, será tratada mais adiante, ao abordarmos os regimes internacionais e a cultura – neste ponto, é preciso apresentar uma conceituação usual e prática para melhor explanação do conteúdo. Lembre-se de que essa definição também é fruto de uma construção social, que conduz governos nacionais, em cenário internacional, a definir *cultura* como um direito a ser garantido, independentemente da realidade cultural vigente em cada região.

Como uma sociedade é construída por valores e tradições (sua cultura, portanto), é possível afirmar que parte de sua situação política, econômica e social sempre advém do comportamento de seus integrantes. É evidente que existem questões como dependência econômica internacional, neocolonialismo de valores culturais, crises identitárias e nacionais, mas a construção cultural da realidade é algo forte e relevante, que também orienta todas as manifestações políticas, econômicas e sociais de um povo.

Dessa forma, governos costumam apoiar determinadas manifestações, patrimônios, símbolos e produções artístico-culturais. Em busca de legitimidade, muitos governos – e governantes – personalizam o direito cultural e passam a perseguir manifestações contrárias, coibindo a liberdade cultural ou, simplesmente, não apoiando a diversidade. Nesse cenário, é preciso compreender que nem sempre o Estado terá uma boa relação com governos e, por isso, é necessário tecer mais algumas considerações sobre o Estado e o direito cultural.

1.2 Estado e direito cultural

Analisada a relação entre cultura e direitos fundamentais, agora vamos tratar das concepções e obrigações dos Estados em relação ao direito cultural. Quem decide quais direitos serão defendidos e garantidos? Essa pergunta não é respondida apenas no campo das artes, é preciso olhar também para a política.

Rotineiramente, a política é tida como uma dimensão de responsabilidades e temas distantes de nosso dia a dia, ao menos em relação a interesses privados. Poucos participam de reuniões de condomínio, representações estudantis, partidos políticos e associações comunitárias. Isso muito provavelmente se deve às responsabilidades que o interesse público exige. Não se pode fazer duas coisas ao mesmo tempo: ou cuidamos de nossa vida pessoal, ou cuidamos da vida dos demais. Será? Certamente não.

Ao cuidar da vida pública, cuidamos de nós mesmos. Ao fazer um bom trabalho privado, também contribuímos para o bem coletivo. A roupa que escolhemos para ir a uma festa, em um primeiro momento, não parece se relacionar em nada com a esfera pública, apenas com a esfera privado. Contudo, essa escolha pode se tornar um ato político (a primeira minissaia ou calça usadas por uma mulher, por exemplo), que pode, sim, interferir na vida de todos.

Nas artes, assim como em propostas e projetos culturais, constantemente nosso fazer impacta a vida pública. Conscientemente ou não, todo fazer que é levado a público interfere no próprio público. É importante não confundir política com eleições, partidos e gestão pública. Política, assim como cultura, é algo inerente aos indivíduos em sociedade. Por definição clássica, *política* é a arte ou a ciência de governar e de organizar a vida em sociedade. Ao eleger nossos governantes, também governarmos e, com certeza, contribuímos para a governança e para a organização social por meio da cultura.

> Democracia não é a escolha da maioria, mas o diálogo entre todos para encontrar uma solução que melhor represente todos os interesses.

Voltando à questão inicial, quem define o que é *direito cultural* são os tipos de Estado e de governo que existem em uma sociedade. Em uma sociedade democrática e representativa, o povo define esse direito – definição esta que pode ser direta ou indireta. No caso brasileiro, é indireta, ou seja, repassamos para os governantes o poder de decidir por nós o direito cultural.

Muitas vezes, há uma concepção errônea da ideia de repassar para os políticos o poder de decisão, como se eles tomassem nosso poder para si – mas não é bem assim. Eles decidem por nós, mas sempre conosco. O problema é que não estamos acostumados a acompanhar suas decisões. Os cidadãos, não raro, limitam-se às atitudes dos candidatos que elegeram, pensando mais ou menos assim: "se fulano de um partido X foi eleito, mas eu não votei nele, ele não é meu representante". Isso não é verdade. Todos os políticos representam os interesses de toda a população, do contrário, teríamos uma ditadura da maioria.

A democracia que buscamos no Brasil e em outros países da América Latina, América do Norte e Europa é aquela que apresenta um regime político em que as minorias devem ser resguardadas, e as decisões, tomadas pelo consenso entre todas as partes. Aquela velha dinâmica de perguntar em sala de aula: "Quem é a favor de sairmos mais cedo?", e a maioria definir o resultado, por exemplo, não é democracia. Democracia não é a escolha da maioria, mas o diálogo entre todos para encontrar uma solução que melhor represente todos os interesses.

Se a democracia está no diálogo, e não na decisão da maioria, o direito cultural em um regime democrático vem de um consenso entre todos os representantes da população. No Brasil, esse consenso veio pela Assembleia Constituinte de 1988, que elaborou nossa Constituição Federal (nosso contrato social). A partir da Constituição, novas leis foram sendo feitas para complementar e especificar as normativas do Estado diante do direito cultural. É importante conhecer alguns desses direitos no Brasil:

> Art. 215. O Estado garantirá a todos o pleno exercício dos direitos culturais e acesso às fontes da cultura nacional, e apoiará e incentivará a valorização e a difusão das manifestações culturais.
>
> § 1º O Estado protegerá as manifestações das culturas populares, indígenas e afro-brasileiras, e das de outros grupos participantes do processo civilizatório nacional.
>
> § 2º A lei disporá sobre a fixação de datas comemorativas de alta significação para os diferentes segmentos étnicos nacionais. (Brasil, 1988)

Esse dispositivo constitucional é apenas um exemplo claro de como o Estado, em sua estrutura, materializa o direito cultural. No Brasil, o direito cultural é tratado no plural – *direitos culturais* –, dada a concepção de que somos um povo formado por diversas culturas originárias (ameríndias, europeias, africanas etc.) que se mesclaram, criando a cultura brasileira. As dimensões culturais – patrimonial, das artes, patentes e comercial – também contribuem para esse tratamento plural dos direitos culturais.

O Estado, portanto, deve garantir acesso à cultura, suas práticas e sua proteção. Isso significa que, além de permitir aos indivíduos a liberdade de manifestar sua cultura, também precisa incentivar e proporcionar a ação cultural

> Se a democracia está no diálogo, e não na decisão da maioria, o direito cultural em um regime democrático vem de um consenso entre todos os representantes da população.

onde há dificuldades de que ela ocorra. Como um direito, a cultura não se relaciona apenas à liberdade, mas à promoção e à facilitação de sua materialização.

Se o Estado não auxilia pequenos grupos na manutenção de suas festividades, por exemplo, estas tendem a desaparecer em razão do custo de realização ou da desmotivação social (por exemplo, quando se torna desinteressante para novas gerações). Alguns podem pensar que apenas o "bom" deve se manter e que manifestações culturais de baixa aderência devem, sim, desaparecer, quase que por uma seleção natural. Entretanto, um povo que não valoriza sua cultura pode não compreender, a médio e longo prazo, sua própria identidade.

O perigo de não compreender a própria identidade reside na baixa capacidade crítica às demandas culturais externas, ou seja, um grupo que perde boa parte de suas práticas culturais torna-se mais suscetível a absorver ações de culturas distintas, as quais não necessariamente terão um resultado satisfatório em sua realidade social. A baixa crítica pode induzir a modismos constantes e à perda da diversidade cultural em uma sociedade.

Como já mencionamos, a sociedade precisa da pluralidade cultural para que cada grupo distinto se perceba e possa se autoavaliar mediante o estranho, o diferente em relação a seu modo cultural. A **diversidade cultural** é formada pelas diferenças culturais entre os indivíduos, isto é, pelo conjunto de costumes e tradições construído com o passar do tempo. O que faz o ser humano ser diferente das outras espécies é justamente sua riqueza de comportamentos e valores.

A diversidade cultural precisa ser garantida pelo Estado. O diferente coloca as pessoas fora da zona de conforto e enseja inúmeras indagações em relação a si próprio. Muitos indivíduos não se sentem confortáveis com o autoquestionamento e passam a enxergar o diferente como uma ameaça à sua tranquilidade (chamada de *tradição*). Nesse contexto, surgem diversos tipos de preconceito, xenofobia e crimes contra os direitos fundamentais da humanidade.

Deixar nas mãos apenas dos indivíduos a defesa de suas culturas é permitir que apenas os grupos majoritários ou que detêm o poder (da força, ideológico, religioso ou econômico) imponham sua cultura e seus valores aos demais. Há diversos exemplos dessa situação na história da humanidade, desde as invasões babilônicas, passando pelas colonizações europeias nas Américas, até a expansão de ideologias político-econômicas na Guerra Fria.

Manter a integridade dos povos e combater a desigualdade entre os cidadãos, para que todas as manifestações culturais possam existir, exige a existência e o comprometimento do Estado. É ele a única unidade da organização política e social que detém o uso legítimo da força e da coerção sobre as práticas de crimes. O núcleo familiar, a comunidade religiosa, os museus ou as organizações não governamentais (ONGs) são importantes para o ordenamento social, mas não detêm o uso legítimo da força. Apenas o Estado pode impor suas regras a todos – por isso, essas regras devem sempre ser acompanhadas pela sociedade.

Muitas correntes das ciências sociais, por exemplo, tentam provar hoje que a diversidade cultural faz parte de um processo de formação cultural e pessoal. Parafraseando a concepção geral de Boas (1940), cada cultura é única porque é produto em parte da casualidade e em parte de circunstâncias históricas irrepetíveis. Assim, é possível olhar para a experiência dos demais grupos – tanto os estrangeiros quanto os de nossos concidadãos – e aprender algo que nunca experimentamos.

O conceito de **olhar do estrangeiro**, evocado em muitos estudos antropológicos e por escritores importantes, como Albert Camus, significa olhar para a própria cultura com o olhar do estranhamento. É um exercício difícil, mas muito válido. O que fazemos como hábito? O que comemos no café da manhã? Todo o mundo toma café de manhã? O que é a arte no Ocidente? E no Brasil? O que está na galeria é tão arte quanto o que está em um museu? E as pichações, são arte como o grafite? Em todas essas respostas a diversidade cultural está presente como um parâmetro de valores culturais.

Apenas quando o outro faz uma *performance* considerada grotesca em nossa cultura é que paramos para pensar sobre o que é moralmente aceito. Em situações tão impactantes como *performances* desse tipo, porém mais sutis, a exemplo da ideologia de que cidades europeias são mais avançadas e evoluídas do que as nossas, precisamos ter em mente que ser diferente não é necessariamente ruim. Mesmo as cidades tidas como desenvolvidas e de alta tecnologia têm obstáculos a superar. Nesse sentido, para compreender a própria realidade, vale a pena desenvolver um olhar crítico em relação a culturas diferentes, sobretudo a respeito das próprias qualidades resultantes das experiências, e, se possível, compartilhar esse panorama com o mundo.

Esse desafio de aceitar ou, ao menos, respeitar a diferença cultural do outro é chamado de *relativismo cultural* ou *moral*. O **relativismo moral** indica que os valores morais são válidos apenas no âmbito de cada cultura. As diferenças culturais não constituem problemas em si, tornando-se empecilhos somente quando não são aceitas, ou seja, quando existe uma rigidez moral de determinado grupo que quer impor seus valores aos demais.

E como entender o que é culturalmente aceito e o que é uma prática cultural nociva (escravidão e preconceito, por exemplo) a ser combatida? Aqui retornamos ao Estado. É no espaço político que as práticas e os valores culturais devem ser debatidos, com democracia e em busca de consensos entre todos. Cabe ao Estado solucionar, mediante políticas públicas, o que a sociedade, por meio de seus representantes, decidir que é uma prática nociva.

No entanto, é fato que leis não alteram a realidade. São os indivíduos que praticam as leis. Muitas leis "não pegam", ou seja, não são observadas. Por isso, é preciso uma conscientização maior da população quanto à responsabilidade pública e, no caso de artistas e agentes culturais, quanto à importância e aos impactos da cultura e das artes na organização social. Assim, a diversidade cultural é necessária ao desenvolvimento social, pois auxilia na superação de práticas nocivas. Ao Estado, por fim, cabe garantir o direito cultural em sua pluralidade, bem como a oportunidade de crescimento e de aprendizagem a seus concidadãos em contextos diversos.

> As diferenças culturais não constituem problemas em si, tornando-se empecilhos somente quando não são aceitas, ou seja, quando existe uma rigidez moral de determinado grupo que quer impor seus valores aos demais.

1.3 Transferência e difusão de políticas públicas

A cultura como prática política, econômica e social suscita políticas públicas do Estado, com vistas a garantir ao indivíduo o acesso aos direitos culturais fundamentais. Não raro, essas políticas públicas – ações práticas dos governos, financiamentos de projetos, proteção e restauro de patrimônios etc. – acabam surgindo de locais e experiências distintas, as quais podem ser adaptadas ao nosso contexto. Essa dinâmica é denominada *transferência e difusão de políticas públicas*.

Transferência e difusão são ações distintas cuja nomenclatura advém dos estudos econômicos sobre práticas governamentais de copiar e implementar modelos de outros lugares. De forma bem resumida, a **transferência** de uma política pública ocorre quando uma cidade ou um país copia uma política pública de outra cidade ou país; a **difusão** de políticas públicas, por sua vez, ocorre quando uma cidade ou país tem uma boa experiência com uma política pública e a expõe para outras cidades ou países, difundindo ideias e conceitos – mas não necessariamente como cópia ou replicação de modelos.

Artistas, agentes culturais e professores têm contato com a transferência e a difusão de ideias e modelos de exercício e ensino, práticas, produção etc. E quanto aos projetos? Especificamente no caso do Brasil, eles são financiados por empresas, comunidades ou pelo Estado. Portanto, é importante aprofundar a análise sobre transferência e difusão de políticas públicas.

Empresas financiam projetos culturais, artísticos e de ensino por meio de leis de incentivo do Estado. Falaremos disso mais adiante. Por enquanto, o importante é saber que muitas das políticas públicas voltadas ao tema favorecem práticas já difundidas. Editais de exposições, projetos de inclusão social pelas artes e pelo ensino, resgate cultural e de memória e tantas possibilidades de iniciativas, na maioria das vezes, assumem modelos já testados em outros projetos por outros agentes.

É muito comum ver editais específicos para ocupações de exposições em museus ou projetos comunitários em sua quarta, quinta e, às vezes, vigésima edição. Isso significa que esses editais mantêm uma fórmula para que artistas, agentes culturais e professores atuem de determinada maneira em seus projetos.

Por que isso ocorre? De modo geral, por muitos motivos, como em razão da estrutura burocrática e do pessoal administrativo já preparado (acostumado) com o processo. Mas um motivo muito importante é a **difusão** de políticas públicas e sua fiscalização. Conhece aquele ditado "não se mexe em time que está ganhando"? É mais ou menos nesse sentido que a difusão atua. Ideias do que é melhor ou correto prevalecem nas práticas públicas ao longo do tempo. A gestão dos recursos públicos para editais e leis de incentivo segue o caminho do já testado e aprovado.

A ideia de elaboração de projetos culturais surgiu na Europa e nos Estados Unidos e, pouco a pouco, foi chegando ao Brasil. Aqui, os brasileiros adaptaram as dinâmicas à nossa realidade. Assim, as leis brasileiras têm aspectos inaugurais quando comparadas às de outros países. Os Estados Unidos, por exemplo, não têm leis de incentivos propriamente, mas usam o mecanismo de isenção fiscal. Nossas normas de incentivo, embora inspiradas em modelos estrangeiros (difusão), são adaptadas à realidade local, resultando em novas possibilidades diante da responsabilidade do Estado perante uma sociedade em desenvolvimento.

A Lei Rouanet[2], por exemplo, que permite que empresas (setor privado) escolham projetos cadastrados na plataforma do governo e os financiem, recebendo por isso abatimento fiscal, é uma adaptação do direito cultural à nossa realidade (Brasil, 1991). No Brasil, é necessário que as empresas ajudem na prática cultural, visto que o Estado sozinho não conseguiria administrar toda a demanda nacional por recursos e, principalmente, por seleção de relevância.

Mas será que as empresas favorecem a diversidade cultural ou se guiam pelo desejo de seu público-alvo? Na maioria dos casos, as empresas financiam dois tipos de práticas culturais:

1. **Práticas sociais** – Melhoram a imagem empresarial, demonstrando responsabilidade social e diminuindo a imagem de que o capital privado busca apenas o lucro (porém, vale lembrar, esse dinheiro não pertence à empresa, pois, se não fosse usado para isso, seria destinado ao pagamento de impostos).
2. **Práticas de grande apelo ao público-alvo** – Evitam tratar de questões tabus que possam incomodar culturalmente esse público.

---

2   Denominação dada à Lei n. 8.313, de 23 de dezembro de 1991 (Brasil, 1991) – Lei Federal de Incentivo à Cultura.

Assim, a resposta à pergunta feita no parágrafo anterior é: as empresas tendem a não sustentar a diversidade cultural, mas sempre existem exceções.

Empresas pequenas e médias podem favorecer o pequeno produtor e agente cultural de sua região. Isso é muito comum nas periferias de grandes centros urbanos ou em regiões com poucos habitantes. O dono da mercearia pode, por exemplo, ceder espaço para uma mostra ou apoiar sua divulgação.

Retornemos às políticas públicas. Os modelos de projetos para editais, que serão tratados mais adiante, seguem uma organização padronizada, uma vez que existe a difusão de como um projeto cultural deve ser, em geral, estabelecido na sociedade. Os projetos podem mudar de forma ao redor do mundo, mas seu conteúdo e seus critérios, na maioria das vezes, são semelhantes: temática, objetivos, custos, gestão e resultados.

Nas políticas públicas, mesmo com financiamento empresarial, as práticas também seguem diretrizes parecidas nos níveis municipal, estadual e federal, bem como em muitos outros países. A União Europeia, por exemplo, é uma das grandes difusoras de ideias e práticas culturais que chegam às cidades brasileiras por meio de redes de cooperação. Um exemplo de rede de cooperação é a Rede de Mercocidades, uma organização composta por cidades sul-americanas que tratam de interesses locais e regionais na economia, saúde, educação, cultura e outras áreas de políticas públicas.

Na Rede de Mercocidades, assim como nas redes ibero-americanas e mundiais, empresários, ONGs, prefeitos e outros indivíduos apresentam, aos demais gestores presentes, ideias de melhores práticas para a cultura e as artes. Não é incomum, por exemplo, na Unidade Temática de Cultura da Rede de Mercocidades, ver apresentações de políticas públicas culturais e de ensino que deram certo em uma cidade. Com isso, busca-se mostrar o que é mais favorável por meio da experiência.

Nessas mesmas reuniões, agentes europeus e agências de financiamento internacional também estão presentes como ouvintes e convidados, defendendo suas ideias de modelos e práticas públicas. Muitas vezes, projetos apresentados nesses encontros recebem financiamento desses agentes estrangeiros por se adequarem às ideias que eles defendem. Em outros casos, cidades copiam declaradamente as práticas exitosas de outras – nesse caso, deixa de ser apenas uma difusão ou um compartilhamento de ideias e passa a ser uma transferência de política pública.

A **transferência** de política pública é importante porque possibilita a troca de experiências que podem, de fato, melhorar a vida de todos. Contudo, se a distância social e cultural entre uma sociedade que teve bons resultados e a que receberá a política é alta, provavelmente essa política precisará ser adaptada e, em muitos casos, acabará fracassando.

Trazer políticas culturais de cidades desenvolvidas para cidades periféricas brasileiras ou rurais não é um bom caminho. É preciso pensar em projetos que dialoguem com a realidade local. Olhar para nossos vizinhos latinos e africanos pode ser uma opção menos arriscada, visto que a realidade social e cultural é um pouco mais próxima. A falta de verba para a cultura e a baixa adesão da população a algumas práticas artísticas e de ensino são alguns desafios enfrentados na hora de elaborar uma política pública ou um projeto.

Portanto, é importante saber onde buscar modelos e ideias. Nada impede que se olhe para o que dá certo em qualquer parte do mundo – desenvolvido ou em desenvolvimento, urbano ou rural –, mas é preciso ter consciência das distâncias culturais, do comportamento dos indivíduos, da economia, das políticas (incluindo aqui o tempo gasto com burocracias) e dos valores sociais. Um projeto que deu certo em um lugar não necessariamente vai dar certo em outra localidade. Primeiro é preciso saber por que deu certo originalmente e quais barreiras à implementação a nova localidade enseja.

Existem alguns bancos de modelos e práticas que podem ser acessados. Bons exemplos são os *sites* do Banco Mundial e da Organização das Nações Unidas para Educação, Ciência e Cultura (Unesco), bem como do Mercosul Cultural, da Rede de Mercocidades e do Ministério da Cultura. Todos eles contêm notícias arquivadas e resultados de projetos diversos a serem consultados para a composição de iniciativas culturais, artísticas e de ensino. Os projetos de leis de incentivo brasileiros também costumam ficar disponíveis no Ministério da Cultura e nas empresas que participaram de seu financiamento. É sempre bom se manter atualizado.

> Trazer políticas culturais de cidades desenvolvidas para cidades periféricas brasileiras ou rurais não é um bom caminho. É preciso pensar em projetos que dialoguem com a realidade local.

É importante ficar atento a discursos muito positivos, que não mencionam as dificuldades. Notícias de projetos em *sites* de prefeituras e de empresas quase sempre só mostram o lado benéfico. É necessário sempre investigar melhor em outras fontes para não reproduzir discursos parciais e imprecisos. Conversar com agentes envolvidos nas práticas pode ser produtivo. É sempre bom ouvir um pouco sobre o processo de execução dos projetos.

Além de redes, empresas, organismos internacionais e governamentais, é possível também o financiamento de projetos por iniciativa popular. Associações de bairro e moradores, comunidades religiosas e tantas outras formas de organização popular podem contribuir para as práticas culturais. O **financiamento coletivo**, até hoje, é uma prática muito usada em pequenas cidades. Quermesses, jogos, rifas e trabalho voluntário podem sustentar grandes projetos que promovem a mudança da realidade local. Essa prática foi atualizada e hoje conta com as plataformas virtuais de *crowdfunding* – financiamento coletivo por meio de doações via internet e suas redes sociais.

> Olhar para experiências já praticadas e adaptá-las à própria realidade, sem perder a noção de senso crítico sobre o contexto local, pode fazer a diferença.

Olhar para experiências já praticadas e adaptá-las à própria realidade, sem perder a noção de senso crítico sobre o contexto local, pode fazer a diferença. Ao surgirem ideias, é importante buscar na experiência de outras pessoas e projetos o suporte para não cometer os mesmos erros. Olhar para os projetos que são financiados ou executados por políticas públicas e ficar atento às ideias difundidas que devem constar em um projeto facilita sua aprovação. E, se for o caso, é possível elaborar propostas de transferências de projetos e políticas públicas.

1.4 Cultura e regimes internacionais

A cultura é um campo que não se limita às fronteiras nacionais. Muitas cidades e comunidades brasileiras estão em região de fronteiras ou recebem grande fluxo de estrangeiros em razão do turismo ou do acolhimento à migração internacional. Por esse motivo, é fundamental compreender os processos internacionais, visto que interferem tanto no direito à cultura do Estado quanto nos financiamentos e campos de oportunidade para projetos.

Primeiramente, vamos tratar dos regimes internacionais, os quais se caracterizam pela união de normas, regras e organismos em tratados firmados entre nações. Existem diversos regimes internacionais que interferem nas práticas culturais brasileiras, como o regime internacional dos direitos humanos da Organização das Nações Unidas (ONU), na qual existem diversas organizações que representam regimes internacionais. A Unesco talvez seja uma das mais importantes organizações que sustenta em si regimes internacionais para as práticas culturais, orientando o que proteger, restaurar e manter e indicando como encarar a cultura.

O Brasil, como signatário da maioria dos regimes culturais da Unesco, acata suas orientações e transforma suas normas e regras em políticas públicas e apoio ao financiamento de projetos. A própria concepção de *cultura* como um direito fundamental em nosso país advém desses regimes formulados no sistema da ONU.

Além da Unesco, é interessante observar o regime internacional de segurança pública da Organização Internacional de Polícia Criminal, conhecida como *Interpol* (em inglês, International Criminal Police Organization), que promove a comunicação entre as polícias de vários países. A repressão ao tráfico de obras de arte talvez seja sua função mais famosa, mas a Interpol combate ainda os crimes de patentes, colaborando, assim, para garantir a segurança da produção artística e cultural – e reside aí um grande desafio.

Projetos culturais quase sempre envolvem ideias. Algumas ideias já foram executadas, o que faz com que muitos projetos acabem esbarrando em proteção intelectual. Ainda que um indivíduo não seja perseguido internacionalmente por quebrar, consciente ou inconscientemente, uma patente (direito autoral), é importante ressaltar a questão.

Ao iniciar projetos culturais e artísticos, é preciso observar se serão utilizadas ou citadas obras, peças, imagens, letras e músicas registradas. O Brasil, como signatário de diversos regimes internacionais de proteção intelectual, também coíbe e fiscaliza as iniciativas culturais em seu território.

Ao iniciar projetos culturais e artísticos, é preciso observar se serão utilizadas ou citadas obras, peças, imagens, letras e músicas registradas. O Brasil, como signatário de diversos regimes internacionais de proteção intelectual, também coíbe e fiscaliza as iniciativas culturais em seu território. Por isso, é imperativo ter muita atenção com os materiais necessários para a realização de projetos.

Por que existem patentes? Para garantir a propriedade privada de um indivíduo sobre sua produção. De modo geral, as patentes de artistas pertencem a ele, à sua família (quando falecido) ou a uma empresa. A validade de patentes e direitos intelectuais variam de acordo com cada caso e em cada país.

No Brasil, a exemplo de outras nações, os **direitos autorais** sobre trabalhos artísticos são válidos até 70 anos após a morte de seu criador, ou seja, após a morte do artista, os herdeiros familiares têm 70 anos para cobrar direitos autorais (porcentagens financeiras) e autorizar ou não o uso dos materiais por terceiros – incluindo projetos sociais.

Para além da questão financeira, as patentes incentivam a inovação e a produção de novas maneiras de criar e interpretar a realidade, uma vez que os indivíduos estão cientes que podem lucrar financeiramente com seus trabalhos e que terão o reconhecimento público respectivo. Assim como nas inovações tecnológicas, por meio das patentes, artistas, pedagogos e outros produtores culturais e de ensino podem garantir a proteção de suas propriedades morais e intelectuais – mesmo que não se trate de uma fórmula ou uma máquina.

No Brasil, o registro da propriedade intelectual é obrigatório para sua proteção. A instituição responsável por esse registro varia de acordo com a natureza do material. Livros e materiais escritos devem seguir as orientações da Biblioteca Nacional, por exemplo, e, em cada Unidade da Federação do Brasil, há regras estaduais para o patrimônio intelectual.

Assim, os regimes internacionais, apesar de não serem obrigatórios a todas os países do mundo, acabam orientando as práticas de seus signatários – como o Brasil. A universalização do direito à cultura e a defesa do patrimônio intelectual, portanto, são implementados tanto pelas práticas dos indivíduos e do Estado quanto por organizações internacionais e seus regimes orientadores.

Mas como um regime internacional é elaborado e como ele funciona? Quem pode participar? Reiteramos, aqui, que um regime internacional é um conjunto de regras escritas e assinadas por nações em um tratado, que pode ou não ser instrumentalizado por uma organização internacional. Contudo, existem autores que olham para esses regimes de forma distinta, o que impacta, consequentemente, as iniciativas dos proponentes de projetos.

Krasner (1982) compreende os regimes como uma construção dos governos dos Estados. Para o autor, cada país deveria criar regimes que regulassem os temas relevantes para seu funcionamento, como os regimes de mercado, aplicando-os de forma concreta. Contudo, para que um regime funcione, é preciso que Estados fortes (ricos e poderosos) participem, forçando, indiretamente, a participação das nações mais fracas.

Segundo essa concepção dos regimes culturais, a visão da cultura como direito passaria a valer na medida em que Estados Unidos e União Europeia participassem desse regime. Consequentemente, Brasil e demais países latino-americanos acabariam aderindo à ideia de *cultura* como um direito. Ao olhar para os exemplos dos Estados Unidos e da União Europeia, também existiria a difusão de que esse direito deve ser observado em projetos tanto artísticos-culturais quanto de ensinos fundamental e médio.

Os modelos de **boas práticas** estadunidenses e europeus, portanto, acabariam interferindo nas práticas atuais – desde a criação de leis federais, que garantem o cumprimento do direito à cultura pelo Estado, até as ações pedagógicas em busca de novos espaços e meios educativos.

Para Nye (2014), os regimes derivam de interesses de diversos níveis, como dos agentes de mercado. É fato que as artes e as novas tecnologias se aproximaram e têm dinâmicas de mercado próprias. Os governos, percebendo isso, buscam organizar as relações entre os agentes da sociedade (incluindo aqui os de mercado) por meio de regras que absorvem do cenário internacional.

Quando regimes são criados internacionalmente, como dos direitos humanos e de mercado, os Estados se comprometem a respeitar as normas estabelecidas, independentemente de haver ou não uma cláusula no regime que puna os participantes em caso de não cumprimento. Diferentemente de Krasner (1982), Nye (2014) defende que é a quantidade de Estados envolvidos em um regime que faz com que ele tenha maior eficiência e seja cumprido, forçando até mesmo os Estados fortes a participar.

Na perspectiva institucionalista de Nye (2014), quanto mais instituições e agentes da sociedade envolvidos, maior será o número de práticas artístico-culturais defendidas pelos governos. Nesse sentido, quanto mais fizermos projetos e demandarmos apoio do Estado, mais forte ficarão as leis que nos incentivam.

Ao passo que os regimes internacionais orientam os Estados a incorporar ideias e valores debatidos – como as leis de direito cultural –, o Estado em si materializa o regime internacional por meio de suas leis e políticas públicas. Nesse caso, cabe à população fiscalizar e demandar serviços de qualidade.

Frequentemente, os projetos culturais são pensados muito mais para ocupar ausências do Estado e de seus governantes do que para contestá-los. A educação, o acesso à cultura e sua valorização são exemplos de dimensões culturais muito comuns nos projetos financiados pelo governo ou por empresas. É importante ter consciência das esferas que os regimes internacionais não alcançam por meio do governo.

Se existe um regime internacional e o país faz parte dele, obviamente as normas impostas por tal regime precisam ser cumpridas. Mas, se o Estado for ineficiente ou subdesenvolvido, precisará de ajuda, interna ou externa. Um bom exemplo são as iniciativas da sociedade civil. Projetos de ensino, artes e cultura acabam se tornando uma possibilidade de ocupar os vazios do Estado e trazer vantagens para a comunidade local.

Ao buscar modificar a realidade, esses projetos contribuem para que o direito à cultura seja praticado. Com a ajuda dos governos, de organizações internacionais e de empresas, podem ser criadas novas experiências, que, compartilhadas, atuam como facilitadoras do desenvolvimento humano.

Segundo Ruggie (1982), os regimes não funcionam apenas de cima para baixo, mas também de baixo para cima. Não é somente a vontade dos Estados e de seus governantes que faz um regime ser cumprido; a participação de todos os níveis de uma sociedade e os valores culturais dos indivíduos têm, da mesma forma, papel relevante.

Não adianta um governo assumir um regime de direitos humanos se, por exemplo, a cultura local dos indivíduos é avessa ao respeito à vida. Fazer parte de um regime é importante por indicar uma abertura política ao tema tratado por ele, entretanto, é preciso alterar as bases sociais para que o regime seja cumprido. Quem nunca percebeu que há leis que não são cumpridas? Muitas existem, mas poucos as cumprem. Isso é sinal de descrença de parte da população – por questões de valores e cultura.

Para que o direito à cultura seja praticado, não basta estabelecer regimes entre os Estados. É preciso entender se aquela sociedade é receptiva a ele. De modo geral, o brasileiro é muito criativo e produz diversos projetos para solucionar desafios. A parceria entre a boa vontade da população e o comprometimento do Estado com esse direito concorre para o bom funcionamento da norma.

Nesse cenário, considerando Ruggie (1982), é possível, então, concluir que o Brasil tende a cumprir os regimes de direitos culturais por ter tanto leis de incentivo e políticas públicas quanto uma sociedade de iniciativa, por meio de projetos artístico-culturais e de ensino. Empresas, fundações, associações, cooperativas, professores, artistas e agentes culturais se engajam na produção de materiais e práticas culturais e de ensino.

1.5 Cultura, arte e sociedade no Brasil

A cultura engloba a arte. Por definição, a sociedade sempre estará atrelada à(s) cultura(s). Se não existe uma sociedade sem cultura, consequentemente, não existe uma sociedade sem arte. Contudo, se cada sociedade compreende cultura e arte à sua maneira, é preciso entender que os conceitos de cultura e arte não são monolíticos. O Brasil, por exemplo, como um país composto por diversas interações e intersecções culturais, possibilita um campo vasto de projetos artístico-culturais e de ensino. Diante disso, examinemos um pouco mais a cultura, a arte e a sociedade no atual cenário brasileiro.

Primeiramente, é preciso compreender onde o Brasil se insere culturalmente. Estamos na América do Sul, que se situa na América Latina, que, por sua vez, se situa no chamado *Sul global*. Além disso, o Brasil tem uma grande diversidade sociocultural interna, advinda da colonização e das interações entre povos e acontecimentos. Assim, é necessário contextualizar nossa realidade histórico-cultural.

Comecemos pela América Latina e pela América do Sul. A primeira é uma região que compreende países de base colonial latina (portuguesa, espanhola, francesa, holandesa, italiana etc.); a segunda é uma divisão física da geografia americana. Ambas as regiões existem também como delimitação cultural.

A América Latina, além de um histórico de colonização e línguas latinas (português, francês e espanhol), compartilha entre seus povos os processos políticos, econômicos e socioculturais. Nas artes, especialmente no artesanato, na música e nas belas artes, a região que vai desde o México, passando pelo Caribe e pela América Central, até chegar à América do Sul apresenta uma diversidade enorme, mas questões comuns, como a busca por desenvolvimento humano, direitos humanos, sincretismo religioso, liberdade e resgate de identidade, estão presentes.

Não é viável resumir a cultura de uma região tão diversa em quatro ou cinco apontamentos, mas é possível definir alguns dos principais pontos em comum. O Brasil, como parte da América Latina, além de sua base identitária (idioma, valores, formação étnica, religiões e costumes), dialoga com as artes de seus vizinhos.

Durante a ditadura militar, por exemplo, vários artistas, como Cildo Meireles e Antonio Manuel, abordavam em seus trabalhos uma realidade brasileira que muito se aproximava da realidade da Argentina, do Uruguai e de outros países latino-americanos. No artesanato, o uso de temas religiosos, em sua maioria em sincretismo com o catolicismo, também une os povos etnicamente distintos da região.

Se os idiomas podem ser uma dificuldade para o diálogo e a melhor compreensão entre os povos latino-americanos, a música produzida é internacionalmente reconhecida como *latina*. O cinema crítico social regional de Héctor Babenco, um argentino naturalizado brasileiro, ou Carmem Miranda, uma luso-brasileira que encenava as Américas, também trazem em si pontos em comum. Por mais críticas que possam receber, a base de criação de todos eles é, em si, os costumes e as culturas que unem a América Latina em uma região.

A América do Sul, por sua vez, é uma sub-região da América Latina com maior proximidade cultural, política e econômica. Composta por três grandes regiões predominantes (América Andina, América Platina e América Amazônica), o Brasil está presente em duas. No Cone Sul, o Brasil compartilha a cultura com os povos da Bacia do Prata (Rio do Prata, Rio Paraná, Rio Iguaçu etc.). Na região amazônica, há importantes cidades e povos ribeirinhos de cultura mista entre ameríndios e colonizadores.

A cultura engloba a arte. Por definição, a sociedade sempre estará atrelada à(s) cultura(s). Se não existe uma sociedade sem cultura, consequentemente, não existe uma sociedade sem arte. Contudo, se cada sociedade compreende cultura e arte à sua maneira, é preciso entender que os conceitos de cultura e arte não são monolíticos.

A estética do frio predomina no Sul, como nas músicas da cantora curitibana Juliana Cortes e do gaúcho Vitor Ramil, com suas milongas e músicas populares. Ao Norte, os ritmos mais caribenhos mesclam-se com a cultura local, trazendo ritmos mais famosos, como a lambada e o atual tecno-brega de Gaby Amarantos. Essa mescla também ocorre nas artes, no artesanato e em tantas outras linguagens culturais. Além disso, a cultura típica brasileira é absorvida pelos povos vizinhos, fomentando mais ainda as unidades latino-americana e sul-americana da região.

Um dançarino de samba e um de salsa em um mesmo ambiente podem parecer distintos, mas essa constatação só é possível quando se conhece muito a fundo as diferenças que os separam. Para um estrangeiro não latino-americano, essa diferenciação é mais difícil. É nesse contexto que, muitas vezes, estrangeiros não distinguem a cultura brasileira da mexicana ou da cubana, ou, ainda, da argentina, mas é preciso ter orgulho de sermos reconhecidos como parte de uma região tão rica – reconhecimento este que não é a realidade de muitos povos ao redor do mundo.

É importante destacar que muitos organismos internacionais, como europeus e estadunidenses, desde o Sistema ONU até fundações e instituições governamentais, empresariais e sociais, buscam fomentar projetos artísticos e culturais exclusivamente para a América Latina. Um exemplo disso são as bolsas universitárias de intercâmbio ibero-americano. Fundos e agências dos blocos de integração regional de uso comum, como o Fundo para a Convergência Estrutural do Mercosul (Focem), também destinam verbas para políticas públicas e iniciativas que possam fomentar a cultura e a valorização do ensino e das identidades regionais.

Demonstradas as regiões culturais em que o Brasil se insere, pensemos, agora, o Brasil como nação. O país é dividido em cinco regiões (Sul, Sudeste, Centro-Oeste, Norte e Nordeste), considerando, além das questões geográficas, as aproximações culturais. Contudo, essa divisão regional nem sempre foi a mesma – o Estado de São Paulo, por exemplo, já fez parte do Sul, ao passo que Rio de Janeiro e Sergipe faziam parte da mesma região, o Leste.

Com o tempo e o autoconhecimento do povo brasileiro e de seus gestores é que o país foi entendendo sua diversidade sociocultural e assumindo a organização que conhecemos hoje. As grandes celebrações, como o carnaval, a literatura, o entretenimento popular (novelas e filmes comerciais), a música popular brasileira e suas vertentes, as belas artes (neoconcretos) e tantas outras manifestações culturais unem regiões distantes de nosso país em uma consciência compartilhada.

Essa **consciência compartilhada** é saber que, mesmo que você não comemore o carnaval ou assista a novelas, por exemplo, essas manifestações fazem parte da cultura brasileira no mundo. É assim que nos reconhecemos e somos reconhecidos como brasileiros – também pela cultura. Nesse sentido, é importante admitir que as artes e a cultura são dimensões que não podem ser ignoradas nos processos de ensino e aprendizagem nem na produção cultural.

Os povos que aqui viviam antes da colonização contribuíram e ainda contribuem com costumes, valores e processos estéticos. A alimentação é parte dos bens imateriais de uma cultura, assim como o folclore, as cantigas e as crenças.

As lendas, como a que conta que o guaraná é originário dos olhos de um índio mawé, devem ser preservadas, contadas e passadas entre as gerações – não guardadas escritas em um papel no museu. Dessa forma, fica claro que o acesso à cultura ocorre quando de sua preservação, que nem sempre é material. Dada a diversidade cultural brasileira, é preciso pensar nesses processos de preservação.

A necessidade da **preservação** para que o direito à cultura seja cumprido exige uma atenção maior, o que conduz a diversos projetos de memória e patrimoniais – materiais e imateriais. Os bens e patrimônios materiais são os que existem fisicamente, como as casas, os livros, as estátuas e as vestimentas. Os imateriais são os saberes, os valores, as lendas, os cantos, as celebrações, as receitas gastronômicas e os ritos. A cultura brasileira é composta pelos bens materiais e imateriais.

E o ensino, seria material ou imaterial? O ensino, desde o conteúdo até suas estratégicas didático-pedagógicas, é imaterial, mas precisa de bens materiais para se concretizar no processo de aprendizagem do aluno, como livros, praças e museus visitados, imagens, a própria escola e outros acervos culturais físicos. Por isso, afirmamos que o patrimônio imaterial sempre se relaciona com patrimônios materiais no processo de ensino e aprendizagem. Para aprender uma receita ou um rito, em uma boa prática, o aluno deve executá-la.

> Dominar os recursos culturais da região é um passo fundamental para traçar estratégias de resultados positivos. As artes, como parte da cultura e esta, por sua vez, como parte da sociedade, estão em um contexto de intersecções.

Mas a cultura, as artes e o ensino nem sempre gozam de plenos recursos para seu bom funcionamento, sua produção e sua preservação. Como já mencionamos, a maior parte dos recursos para a cultura e o ensino vem dos governos e repasses fiscais. Nem sempre os recursos públicos e privados são utilizados plenamente por falta de projetos e, nas ocasiões em que são empregados, não raro, há má-administração ou os projetos têm resultados questionáveis.

É importante, então, compreender a realidade local, as potencialidades e os desafios – não só da própria proposta, mas também de seu entorno e contexto. Dominar os recursos culturais da região é um passo fundamental para traçar estratégias de resultados positivos. As artes, como parte da cultura e esta, por sua vez, como parte da sociedade, estão em um contexto de intersecções. Sociedade, economia, política, valores e indivíduos são as intersecções entre as práticas culturais e o nosso país. A sociedade brasileira ainda precisa aprender a conviver com sua diversidade e a compreender melhor seus valores para superar suas dificuldades e ressaltar suas qualidades.

Síntese

Neste capítulo, procuramos mostrar, principalmente, que a cultura é um direito fundamental e sua garantia à sociedade é responsabilidade do Estado, ainda que este nem sempre consiga garantir o cumprimento dos direitos fundamentais, mesmo quando amparados pela Constituição.

No caso do Brasil, por assumir responsabilidades com regimes internacionais e internalizar o direito à cultura na Constituição Federal de 1988, as políticas públicas contam com um recurso mínimo a ser gasto com ações culturais. Contudo, muitas regiões do país ainda não conseguem universalizar ou democratizar suas práticas culturais.

Como nem sempre o direito à cultura é assegurado, surge a necessidade de os próprios moradores e profissionais das artes, da cultura e da educação garantirem as práticas artístico-culturais e de ensino. Contudo, na iniciativa local, é preciso entender a realidade sociocultural e econômica da região a fim de que as práticas sejam instauradas de forma consciente e responsável, principalmente quanto a resultados e consequências.

Também mencionamos que as artes integram a cultura e que o ensino será sempre originário do contexto cultural no qual ocorre. De modo geral, apresentamos uma breve leitura sobre os processos de inserção da cultura nas agendas políticas e sociais de nosso país.

Indicações culturais

Sites

BRASIL. Ministério da Cultura. Disponível em: <http://www.cultura.gov.br/>. Acesso em: 12 abr. 2018.

O *site* do Ministério da Cultura é uma boa fonte de pesquisa para vários dos temas tratados neste capítulo.

UNESCO – Organização das Nações Unidas para Educação, Ciência e Cultura. Disponível em: <http://www.unesco.org>. Acesso em: 12 abr. 2018.

No *site* da Unesco há modelos de projetos para práticas culturais que podem ser consultados.

Atividades de autoavaliação

1. Assinale a alternativa que apresenta a melhor definição de *direito à cultura*:
   a) Refere-se ao direito que cada indivíduo tem, assegurado pelo Estado, de acessar e praticar sua cultura ou as demais culturas de sua sociedade.
   b) Trata-se do direito de ampliar as práticas culturais de sua sociedade, sobrepondo-se às práticas culturais dos grupos minoritários.
   c) É o direito do Estado de promover políticas públicas culturais que fomentem as culturas estrangeiras mais desenvolvidas em detrimento das culturas locais menos desenvolvidas.
   d) Revela-se como o direito de todos os cidadãos de acessar e manifestar expressões artísticas, as quais não incluem manifestações religiosas desde que o Estado se tornou laico.
   e) Nenhuma das alternativas anteriores está correta.

2. Assinale a alternativa que apresenta o conceito de *políticas públicas* no contexto cultural:
   a) Conjunto de diálogos políticos de interesse público.
   b) Conjunto de ações políticas de interesse público.
   c) Conjunto de eleições de candidatos políticos de interesse público.
   d) Conjunto de governos políticos de interesse público.
   e) Conjunto de suposições eleitorais de interesse público.

3. Sobre o cumprimento do Estado em relação ao direito à cultura, é possível afirmar que se trata de um direito universalizado, ou seja, alcançado por todos os brasileiros em nossos dias?
   a) Sim, pois todos têm acesso a museus e casas de espetáculo.
   b) Sim, pois todos têm acesso ao ensino das artes visuais no ensino médio.
   c) Não, pois as políticas públicas ainda não alcançam a todos, necessitando de iniciativas de outros agentes não governamentais.

d) Não, pois as políticas públicas não se envolvem com práticas culturais, apenas com os direitos básicos de saúde, educação e segurança.

e) Não, pois as políticas públicas precisam ser reformuladas em uma nova Constituição Federal que garanta esse direito.

4. É correto afirmar que as artes, como manifestação humana, integram a cultura?

   a) Sim, a cultura faz parte das artes como uma linguagem subordinada, assim como a escultura e a pintura o são.
   b) Não, as artes estão em uma dimensão social diferente da cultura, visto que a cultura é naturalmente dada ao indivíduo, e as artes são produzidas de acordo com as gerações.
   c) Sim, as artes são parte integrante da cultura, exceto quando se trata das artes eruditas, que são elaboradas pela elite econômica e, portanto, não fazem parte da cultura nacional.
   d) Sim, as artes integram a cultura exatamente por se constituírem em manifestações intelectuais e práticas do fazer humano em uma sociedade.
   e) Não, as artes pertencem ao campo da filosofia e da estética, e a cultura pertence à antropologia como campo de práticas humanas.

5. A Unesco faz parte do Sistema ONU e promove regimes internacionais para garantir o direito à cultura. No caso do Brasil, é correto afirmar:

   a) O país não faz parte do Sistema ONU e, portanto, não observa os regimes da Unesco sobre cultura.
   b) O país não faz parte do Sistema ONU, mas acata os regimes da Unesco sobre cultura.
   c) O país integra o Sistema ONU, mas não está subordinado aos regimes da Unesco sobre cultura.
   d) O país fazia parte do Sistema ONU, mas agora só faz parte da Unesco e ainda não decidiu se participa dos regimes de cultura.
   e) Nenhuma das alternativas anteriores está correta.

Atividades de aprendizagem

Questões para reflexão

1. Qual é a importância dos regimes internacionais para a cultura no Brasil?
2. Como o direito à cultura interfere nas práticas de ensino das artes visuais no Brasil de hoje?

Atividade aplicada: prática

1. Identifique na Constituição Federal de 1988 ao menos um artigo sobre o direito à cultura. Depois, pesquise nas políticas públicas de sua região (cidade ou estado) alguma prática que visa garantir o cumprimento do artigo constitucional escolhido. Então, escreva sua percepção crítica sobre o funcionamento da política pública em sua região – se de fato está funcionando e se teve bons resultados.

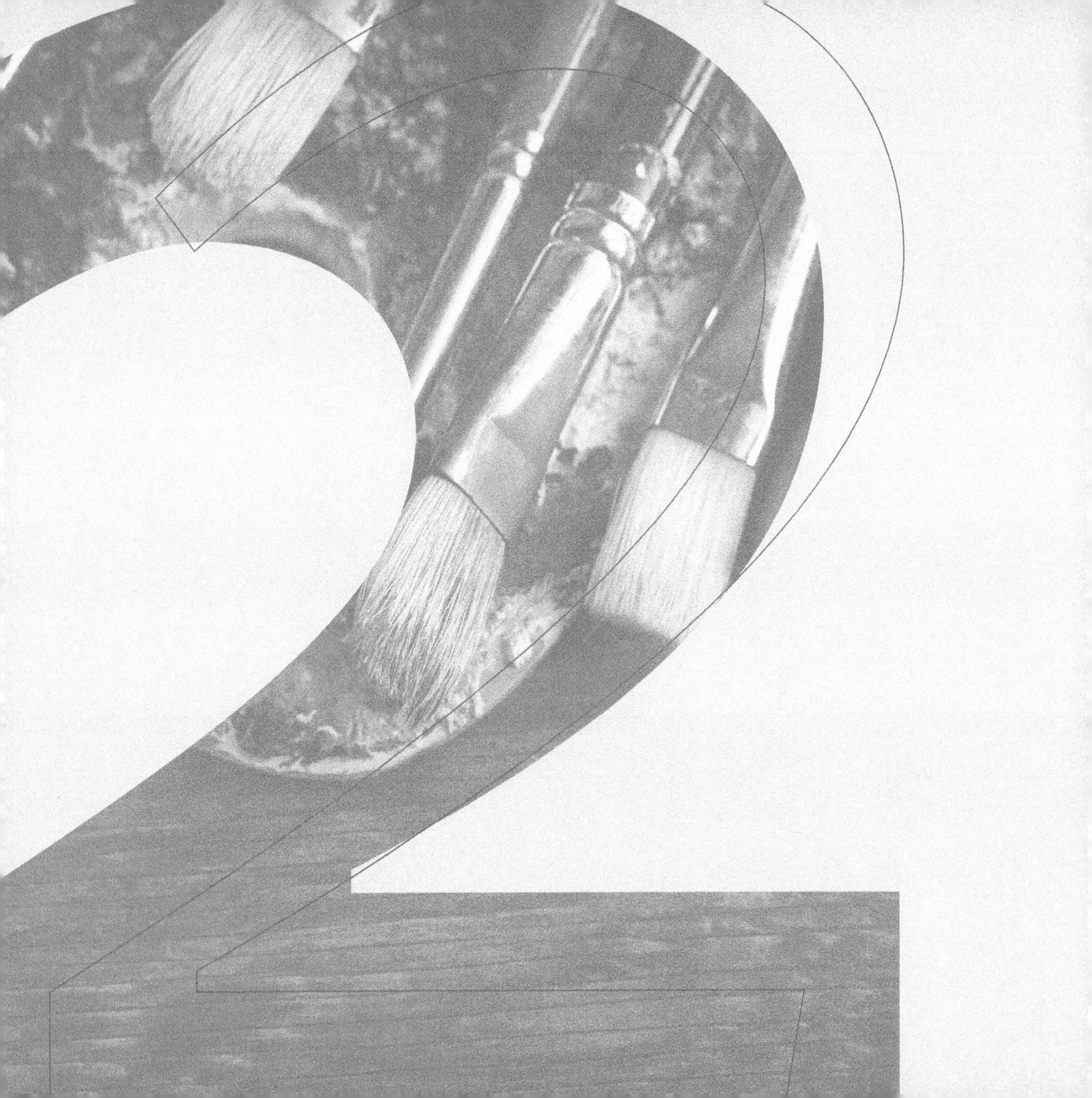

Diferentes contextos sociais

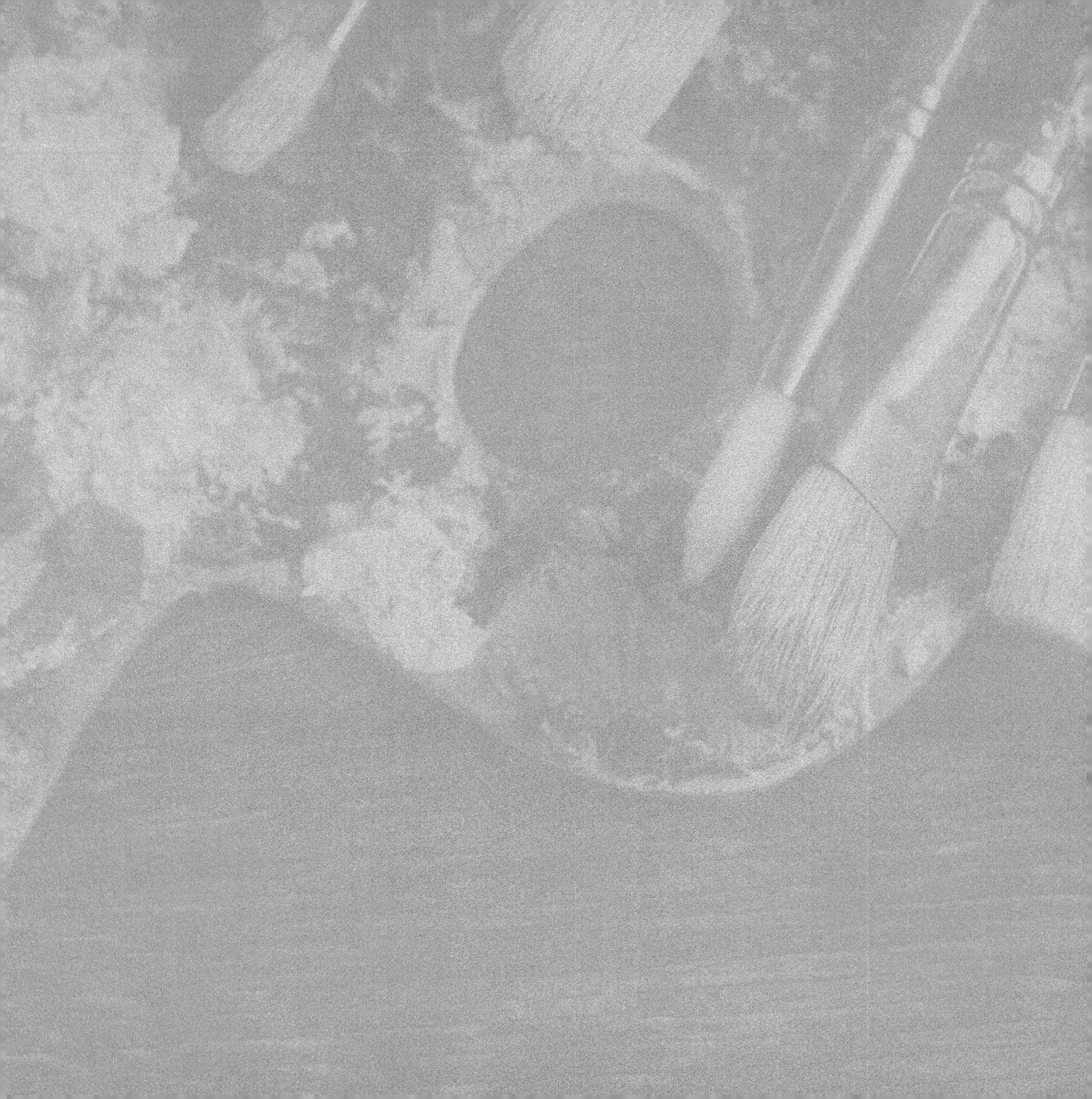

Neste capítulo, apresentamos diferentes contextos sociais encontrados em nosso país. Para isso, trataremos de três temas principais: tipos de sociedades e suas preocupações; diversidade como campo de desafios e de oportunidades; e diversidade como fomento à cultura e às artes no Brasil. Com essa abordagem, nosso intuito é que você compreenda as dinâmicas sociais existentes no Brasil, especialmente as oportunidades que podem ser encontradas nessa variedade de contextos. Olhar para a diversidade e procurar possibilidades para solucionar desafios, valorizar temas e explorar o novo são campos positivos de ação para projetos culturais e de ensino das artes em nosso país.

É de conhecimento geral a existência de inúmeros contextos no Brasil e no mundo. O Brasil, por seu tamanho e por sua diversidade populacional e cultural, apresenta um cenário rico em oportunidades, mas também há desafios no que diz respeito ao ensino e à prática artístico-cultural. Por esse motivo, exploraremos aqui o tema da *diversidade social*, além dos conceitos de sociedades materialistas e pós-materialistas nos cenários rurais, urbano-periféricos, patrimoniais, ambientais e de minorias sociais.

Entender os contextos em que se inserem os alunos (no caso de professores), o público (no caso de artistas e agentes culturais) e a própria realidade é uma ação necessária. Por mais que pareça que compreendemos quem somos e de que precisamos, muitas vezes esse olhar é enviesado para nossas expectativas individuais e, às vezes, orientamo-nos menos sobre a realidade e a necessidade do coletivo. Isso não significa que projetos devam ser complicados ou atender somente às necessidades de lazer do outro, ao reverso, devemos ter a consciência de que a melhoria do outro será a melhoria da sociedade e, consequentemente, a nossa.

Não se alcança o desenvolvimento sozinho. É preciso pensar em conjunto – mesmo em projetos autônomos de produção, ou seja, naqueles em que o artista produz seus trabalhos em sua própria poética. É preciso pensar no que o trabalho agregará ao público para que se justifique o uso do capital público das leis de incentivo, por exemplo. Isso não significa que a arte deve ser panfletária ou doativa (de doação à sociedade), mas que, até ao falar de si mesmo, é importante mensurar como apresentar a proposta de experimentação estética ao público.

Projetos culturais são diferentes de projetos sociais. Embora ambos possam andar juntos, os projetos culturais podem se limitar à experiência estética e cultural do entretenimento. Todavia, é um grande erro pensar que a experiência estética e o entretenimento não sejam benéficos ao desenvolvimento de uma sociedade. Existem algumas explicações desse desafio, como os conceitos de sociedade materialista e pós-materialista.

Além disso, projetos em cenários rurais podem demandar atenção a questões específicas, como pouca institucionalização cultural (falta de museus e verba pública), ao passo que projetos urbano-periféricos podem exigir maior preocupação com a inserção de grupos marginalizados e seus valores artístico-culturais.

Após o estudo deste capítulo, esperamos que você identifique os tipos de sociedade (materialistas e pós-materialistas), compreenda a diversidade como oportunidade, vislumbre os desafios específicos de cada cenário urbano e rural e perceba como as práticas já existentes podem contribuir para futuras iniciativas, respeitando as características de cada localidade e de seus moradores.

2.1 Sociedades materialistas e pós-materialistas

A diversidade social nem sempre é vista apenas pelas diferenças entre valores religiosos ou artísticos. De forma mais profunda do que muitos acreditam, existem alguns critérios que constroem sociedades mais preocupadas com as questões culturais e de ensino. O desenvolvimento econômico-social, por exemplo, traz em si mudanças de comportamento dos indivíduos que se refletem na natureza de sua sociedade.

Quando uma sociedade consegue se desenvolver economicamente ao ponto de os indivíduos gozarem de maior segurança financeira e psicológica e de amplo bem-estar social, essa sociedade tende a debater questões que vão além de sua sobrevivência – como apreciar a própria arte contemporânea. Isso significa, de forma resumida, que sociedades economicamente desenvolvidas e com boa distribuição de renda e bem-estar social tendem a investir mais em projetos artístico-culturais, já as sociedades pouco desenvolvidas ou com graus elevados de insegurança tendem a se preocupar mais com a sobrevivência dos indivíduos – segurança pública, emprego, alimentação etc.

Essa ideia, bem conhecida na sociologia, na ciência política e nas relações internacionais, pertence a uma concepção conhecida como *pós-materialista*. O **pós-materialismo** é uma corrente desenvolvida nos anos 1970, que tem como principal pesquisador o cientista político Ronald Inglehart. Em 1977, Inglehart publicou *The Silent Revolution*, pesquisa que questiona a compreensão do valor dos indivíduos diante dos interesses sociais em nível global, aproximando a corrente pós-materialista das preocupações com as pesquisas de desenvolvimento humano (Ribeiro; Borba, 2010).

Inglehart (1977) defende que o desenvolvimento econômico das sociedades industrializadas proporciona uma mudança gradual nos valores culturais dos indivíduos. Desse modo, entende que o avanço do bem-estar social, advindo do bem-estar econômico, traria um bem-estar material, sendo este último o responsável por algumas sociedades, como as escandinavas, investirem mais em artes e em educação de qualidade a seus concidadãos.

A segurança material nas sociedades economicamente desenvolvidas e com boa distribuição de renda, pouco a pouco, altera suas prioridades valorativas, ou seja, suas demandas em relação a projetos públicos e sociais. Esse desenvolvimento pode alcançar determinados níveis que levam essas sociedades a passar do materialismo ao pós-materialismo. Em sociedades pós-materialistas, a preocupação com segurança, alimentação e trabalho estão tão supridas que os indivíduos passam a ter outras preocupações, como a proteção e o resgate cultural, a ampliação da formação de profissionais das artes e da área de humanas, bem como a maior adesão a causas como direitos dos animais e das minorias sociais.

No **materialismo**, por sua vez, as sociedades tendem a ter pouca ou nenhuma preocupação com a cultura, o direito dos animais, as minorias sociais e um ensino mais humanizado. Por precisar garantir a sobrevivência, os indivíduos demandam e investem em políticas públicas e projetos voltados à segurança, a cursos técnicos e profissionalizantes, à saúde pública e ao saneamento etc. Considerando esse aspecto, seria correto afirmar que apenas algumas sociedades (nações) no mundo sofreram uma mudança gradual até o ponto em que a materialidade deu espaço à pós-materialidade.

De forma resumida, é possível concluir que o pós-materialismo (ou a pós-materialidade) é identificado em sociedades que superaram os limites estritos da sobrevivência física e econômica de seus indivíduos, ao passo que, em sociedades materialistas, os indivíduos ainda lutam diariamente por sua sobrevivência.

Outro ponto importante do trabalho de Inglehart (1977) é que essa mudança é geracional e se reflete diretamente na cultura e no processo de ensino e aprendizagem. À medida que a segurança econômica vai crescendo em uma sociedade, sua cultura tende a evoluir de forma gradual e geracional. Assim, a preocupação central do indivíduo, que antes era sua sobrevivência diária, passa a um desenvolvimento pautado no questionamento de padrões clássicos e mecanismos tradicionais das gerações anteriores (Ribeiro, 2007).

As mudanças culturais advindas do desenvolvimento econômico tornam o indivíduo mais crítico social e politicamente. Esse maior senso crítico é decorrente do fato de o indivíduo poder enxergar, com mais atenção, outros temas de sua vida social, como os desafios culturais, políticos e sociais.

> De forma resumida, é possível concluir que o pós-materialismo (ou a pós-materialidade) é identificado em sociedades que superaram os limites estritos da sobrevivência física e econômica de seus indivíduos, ao passo que, em sociedades materialistas, os indivíduos ainda lutam diariamente por sua sobrevivência.

Consequentemente, ele se torna mais intervencionista (Inglehart, 1977), ou seja, mais engajado nas transformações sociais.

Esse indivíduo engajado também pode ser um agente cultural buscando criar projetos de ensino e artístico-culturais em uma sociedade materialista. Mesmo vivendo em tal sociedade, indivíduos podem fazer parte de núcleos familiares pós-materialistas. Não é tão difícil identificar que indivíduos com maior escolaridade costumam ter maior renda familiar – e que indivíduos que precisam trabalhar desde cedo para sobreviver acabam abandonando os estudos.

Nessa lógica, indivíduos de famílias que contam com maior bem-estar social e econômico conseguiriam desenvolver preocupações pós-materialistas. Você já deve ter ouvido alguma vez pais e conhecidos dizendo que não gostariam que seu filho optasse pela carreira artística por não ter um bom retorno financeiro. Esse posicionamento costuma partir de indivíduos com valores materialistas muito fortes. Em sociedades muito materialistas, é preciso conseguir bons empregos para garantir a sobrevivência – e arte e cultura podem ser consideradas perda de tempo nessa corrida dos indivíduos.

Com valores mais pós-materialistas, independentemente dos padrões predominantes em sua sociedade, o indivíduo consegue enxergar a relevância das artes e das experiências culturais no processo de desenvolvimento humano e de ensino. Gerações de um período no qual o bem-estar social e econômico está em crescimento tendem a se tornar cada vez mais pós-materialistas do que seus pais e professores.

No momento em que indivíduos e sociedade alcançam a pós-materialidade, as preocupações já não são mais o lucro e o crescimento econômico, alcançados em uma etapa anterior. As ações políticas passam a ser canalizadas para as necessidades sociais, estéticas e intelectuais (Ribeiro, 2007). O indivíduo inserido em uma sociedade pós-materialista, portanto, passa a demandar mais ações sociais e culturais dos governos e da própria sociedade, mediante, por exemplo, projetos de ensino e artístico-culturais.

Segundo Ribeiro (2007), essa evolução da materialidade para a pós-materialidade, só poderia ser possibilitada ao ponto que determinada sociedade passasse a considerar a cultura um movimento não estático, mas gradualmente mutável. Nesse ponto, Ribeiro (2007) aponta um importante reflexo dos valores pós-materialistas: o surgimento de uma sociedade do conhecimento.

Uma **sociedade do conhecimento** é sempre pautada em dois princípios básicos: o desenvolvimento individual de suas habilidades cognitivas e a independência intelectual. Seríamos nós uma sociedade do conhecimento? Provavelmente a sociedade brasileira ainda não alcançou índices seguros para ser classificada como *pós-materialista*, mas já estamos muito mais próximos dessa realidade do que anteriormente em nossa história.

Atualmente, nossa sociedade encontra-se em uma tentativa de transição entre o materialismo e o pós-materialismo. Para tanto é preciso que se desenvolva como sociedade do conhecimento, universalizando o ensino e criando modelos e soluções próprias para as dificuldades regionais. O ensino das artes visuais e das demais licenciaturas, por exemplo, buscam valores pós-materialistas, defendendo sempre a real relevância de seu conteúdo na formação mais consciente do aluno. Contudo, não é apenas a ação dos professores que faz uma sociedade se tornar pós-materialista, mas o desenvolvimento econômico e a distribuição de renda.

Nesse cenário, cabe ao professor e ao agente cultural democratizar o ensino e facilitar os meios para que as futuras gerações possam ser o veículo das transformações materiais. Projetos culturais, artísticos e de ensino nos mais diversos contextos sociais e econômicos podem fazer a diferença se contribuírem para a superação de desafios locais, fomentando a possibilidade dessa passagem de nossa sociedade do materialismo para o pós-materialismo. Neste momento, então, passaremos a tratar de contextos diversos da realidade brasileira.

2.2 Diversidade social: cenários rurais

Na realidade brasileira, muitos artistas, professores e alunos residem em zonas rurais. A população brasileira, em sua maioria, vive nos centros urbanos, mas um grande número de pessoas reside nas regiões produtivas agropecuaristas e extrativistas e, muitas vezes, acredita não poder executar projetos artístico-culturais e de ensino – o que é um equívoco.

Os cenários rurais em nosso país, assim como na América Latina, têm dois grandes desafios a enfrentar: a baixa institucionalização das dinâmicas artístico-culturais e um menor número de instituições voltadas ao ensino complementar – como museus e centros culturais. A baixa institucionalização, no caso da cultura, ocorre quando os governantes criam poucos espaços formais e oficiais de gestão, manutenção, prática ou resgate das artes e da cultura, mas a menor possibilidade de apoio institucional e até mesmo sua ausência não impedem a ação de projetos.

Viver no campo, tanto em fazendas quanto em pequenas cidades, é uma grande oportunidade de pioneirismo e de abertura ao novo. Levar o conhecimento adquirido em estudos, leituras e práticas aos indivíduos e, sobretudo, trabalhar o conhecimento e as ações locais podem conduzir a um resultado positivo.

O campo tem suas possibilidades. Em primeiro lugar, cidades menores facilitam as redes cooperativas entre os moradores. Áreas mais amplas, abertas e o contato com a natureza também favorecem projetos como os de *site specific*[1] e *land art*[2]. A retratação da vida no campo, os costumes locais e as tradições orais são fontes ricas de projetos. Além disso, a memória da população, os primeiros colonos, a relação com determinados alimentos e a criação de centros culturais podem ser boas escolhas.

No ensino, os projetos de valorização das identidades visuais locais (paisagens, botânica, artesanatos etc.), das crenças e celebrações, bem como aulas práticas em espaços abertos e mais naturais propiciam a superação dos muros da escola. Ao contrário de espaços urbano-periféricos, que têm taxas de violência mais elevadas, as zonas rurais permitem aos estudantes as atividades ao ar livre.

Cidades menores ainda facilitam iniciativas de mapas artísticos, ensino exploratório e observações participantes. Viabilizar que o aluno ande em observação pelo centro da cidade ou por determinada região e vá anotando suas percepções, com palavras ou desenhos, é importante para a experimentação de técnicas indutivas de pesquisa.

---

1   "O termo sítio específico [*site specific*] faz menção a obras criadas de acordo com o ambiente e com um espaço determinado. Trata-se, em geral, de trabalhos planejados – muitas vezes fruto de convites – em local certo, em que os elementos esculturais dialogam com o meio circundante, para o qual a obra é elaborada" (Site Specific, 2018).

2   "*Land Art* é uma corrente artística surgida no final da década de 1960, que se utilizava do meio ambiente, de espaços e recursos naturais para realizar suas obras" (UFMG, 2004).

Da mesma forma, o uso e o estudo de materiais abundantes na região favorecem projetos dentro e fora da sala de aula. Em muitas regiões rurais, é mais fácil encontrar argilas, pedras e materiais orgânicos. As redes de contatos entre alunos e cidadãos também facilitam a realização de eventos e festividades com maior participação da sociedade.

Projetos de preservação, desenvolvimento sustentável, novas formas de produção e cultivo podem dialogar com projetos artístico-culturais. Exemplos dessa relação são iniciativas múltiplas e interdisciplinares, como o registro artístico (desenhos, pinturas ou fotografias) de regiões em risco ambiental ou do patrimônio natural. Concursos e eleições de práticas também podem favorecer bons resultados em projetos nesses cenários.

> Nesse contexto, não se deve entender a zona rural como menos desenvolvida que a urbana. Desenvolvimento é adaptabilidade. Se uma sociedade funciona bem, então ela está adaptada ao meio em que se insere. Com os projetos deve acontecer o mesmo: eles não podem se tornar alienígenas e não se integrar com o local.

Nesse contexto, não se deve entender a zona rural como menos desenvolvida que a urbana. Desenvolvimento é adaptabilidade. Se uma sociedade funciona bem, então ela está adaptada ao meio em que se insere. Com os projetos deve acontecer o mesmo: eles não podem se tornar alienígenas e não se integrar com o local.

A conexão com os acontecimentos ao redor do mundo pode ser facilmente sanada com a internet. Já não estamos mais na época em que o interior se desconectava das grandes novidades dos centros urbanos. De fato, a baixa institucionalização dificulta a vinda de exposições e acervos mundiais para as zonas rurais – para vê-los pessoalmente, é possível fazer projetos de viagens para exposições nos principais centros culturais do país. Contudo, vale a pena investir na cena local.

Um exemplo de projeto em zona rural e de interior ocorreu nos muros e nas paredes da Escola Municipal Honorina Holtz do Amaral, zona rural de Sarapuí, São Paulo. A escola aderiu ao projeto internacional de fotografias

Inside Out[3], criado pelo fotógrafo francês JR. No projeto, diversas fotografias dos alunos foram impressas em dimensões grandes, que facilitam a visão em escala, e coladas nas paredes da escola em mutirões entre professores e alunos.

A ideia central era de que a arte pode mudar de dentro para fora, por isso o nome *Inside Out*. Com o projeto, feito basicamente por moradores da região, a cidade foi inserida no circuito internacional da mostra, elevando a autoestima dos cidadãos e alunos, além de propiciar processos técnicos, estéticos e sociais de aprendizagem. Foram tiradas aproximadamente 80 fotografias de alunos do ensino fundamental, de professores e de funcionários. As fotos foram feitas em novembro de 2016 e enviadas à direção do projeto de JR, que aprovou a participação da escola.

Outro exemplo é o **Ponto de Cultura Mambiação** (Meio Ambiente, Arte e Educação) 2013-2014[4], uma parceria dos governos federal e estadual fluminense com moradores da região rural de Italva. O sítio Retiro Saudoso, na microbacia Córrego Santa Joaquina, abriu seu espaço para a realização de oficinas, recebendo, em média, 30 moradores. Entre suas práticas estavam o artesanato, a pintura, a costura, o *biscuit*, o trançado de fita, a informática, o teatro, o coral, as danças e a música instrumental, além da preocupação com conscientização ambiental, reciclagem e desenvolvimento sustentável.

O Mambiação existe desde o ano de 2010, quando foi implantado na microbacia Córrego do Marimbondo, com o apoio do programa Rio Rural, da Secretaria de Agricultura fluminense. A distância, que seria um grande desafio para a reunião de público em zonas rurais, foi sanada com a criação de polos em sítios locais, sem a centralização nos centros urbanos. Como resultado, além do ensino, o projeto melhorou a qualidade de vida no campo, assegurando o cumprimento do direito à cultura. Promoveu, ainda, o conhecimento e aumentou a renda das famílias com a venda dos produtos e serviços culturais aos visitantes da região.

Além desses projetos que envolvem escolas e centros culturais, existe a residência artística, que aproxima artistas externos à realidade local, trazendo novos olhares e autoconhecimento à parte da

---

3   Saiba mais em: <http://insideoutsarapui.blogspot.com.br/>. Acesso em: 13 abr. 2018.
4   Saiba mais em: <http://mapadecultura.rj.gov.br/manchete/mambiacao>. Acesso em: 13 abr. 2018.

população por meio das artes. Um exemplo é o do artista Ricardo Garlet, selecionado para residência artística **Rural.Scapes**[5], no interior de São Paulo. O projeto é um laboratório de residência que permitiu a artistas, brasileiros e estrangeiros, irem ao interior produzir seus trabalhos em observação e imersão na realidade local.

O trabalho de Ricardo Garlet foi composto de imagens projetadas a partir de um carregador de energia solar. Durante o dia, a torre carrega e, à noite, projeta imagens, utilizando conceitos de sustentabilidade, poética pessoal e experiência estética do público. O uso da energia solar, um recurso abundante na região, une arte e tecnologia e permite desdobramentos diversos em processos artísticos e de ensino-aprendizagem interdisciplinares. O fazer do artista, quase sempre, permite debater diversos temas, materiais e interdisciplinaridades na região.

Esses projetos, a exemplo de outros, podem ser realizados com iniciativas simples, de moradores, escolas, universidades, prefeituras ou pequenas empresas que permitam o convite e o pagamento de uma bolsa produção ao artista. Definir prazos de permanência, custos totais, temáticas e linguagens também pode auxiliar na delimitação de candidaturas e na seleção de propostas. Visitas guiadas ao ateliê do artista em produção também são comuns e favorecem o contato do público com o processo de criação – desde que de forma organizada e que não atrapalhe o processo criativo do artista.

Transporte, alimentação, hospedagem e recursos para a realização do material são o mínimo necessário para se ter uma residência artística. Além de trazer um artista de outra região, o olhar diferenciado sobre a região possibilita que a população local aprenda muito sobre quem é a partir do olhar estrangeiro. Mas o artista não precisa ser necessariamente de fora. Artistas locais também podem ganhar uma bolsa produção em residência – o que pode diminuir custos de hospedagem e de transporte –, valorizando-se, assim, a arte local.

Além desses exemplos, existem outros vários que podem inspirar ideias e iniciativas em projetos de cenário rural. É importante não se deixar desmotivar por desafios que já têm soluções. A distância em

---

5   Saiba mais em: <http://www.ruralscapes.net/ricardo-garlet/>. Acesso em: 13 abr. 2018.

zonas rurais, a baixa institucionalização e o pouco orçamento, como visto, não são desculpas. Com ou sem o Estado, é possível fazer mutirões, receber artistas em sua residência e melhorar o contato das artes com a cultura local.

2.3 Diversidade social: cenários urbano-periféricos

Os centros urbanos gozam de uma variedade maior de manifestações artístico-culturais e podem contar com alto grau de institucionalização do sistema das artes e do ensino. A diversidade de informações no espaço urbano, como arquiteturas, interferências, arte urbana e comunidades de jovens e de entretenimento, resulta em estímulos audiovisuais e espaciais constantes. Contudo, muitas vezes, a arte se mostra distante – aprisionada em museus e galerias que não parecem estar disponíveis a qualquer público.

Com a **virada curatorial**[6], muitos espaços e museus receberam iniciativas didático-pedagógicas para aproximar alunos da produção cultural. Mas ainda existem aqueles que acreditam que as artes são para a elite. Na verdade, superar os preconceitos e fazer com que os indivíduos, especialmente os das periferias urbanas, tenham acesso a toda produção cultural de sua cidade é uma tarefa que vem sendo implementada por diversos projetos.

Em um primeiro momento, é preciso mostrar que a cultura e as artes não se limitam a grupos sociais. Todos nós temos o direito à diversidade cultural, tanto àquela que produzimos quanto à produzida por outros grupos. Superar essa distância entre centro e periferia também é de responsabilidade dos artistas, agentes culturais e professores.

O ensino formal das artes visuais nas escolas já é um passo importante, ao apresentar técnicas, história e ciência das artes. A disciplina, ao longo dos anos letivos, traz consigo uma formação de referenciais e um senso crítico em relação à expressão e à compreensão da realidade sociocultural na qual

---

6 Segundo Gonçalves (2014), a virada educacional e curatorial demonstra que existe uma preocupação da organização de exposições com o aprendizado do público para além da experiência estética.

o aluno está inserido. E essa realidade sociocultural em regiões periféricas e de baixo bem-estar social entrelaça problemas e dificuldades familiares, econômicas, de aprendizagem e de garantia de direitos.

Nesse contexto, é importante que artistas e professores proponham visitas a museus e espaços tradicionais, sempre acompanhadas de oficinas, debates, conversas orientadas e práticas alusivas ao conteúdo observado. Atualmente, muitos espaços institucionais, como museus, galerias, fundações e universidades, contam com agendas interativas e pedagógicas sobre seus acervos expostos ou suas atividades culturais. Esse primeiro desafio – de aproximar o aluno ou o público de periferia das artes e dos espaços institucionais – apresenta número maior de soluções já em prática.

Todavia, um segundo desafio é fazer com que o aluno compreenda que as artes e as manifestações culturais distantes de sua realidade (como objetos da história da arte europeia, asiática ou indígenas) integram sua cultura e estão ali para contribuir com o aprendizado e a formação cidadã.

Inserir artefatos e acervos que, em um primeiro momento, não se relacionam com o cotidiano de um jovem de periferia (urbana, econômica e étnico-social) é um desafio superável pela simplicidade do diálogo orientado por professores, artistas e agentes culturais. A escolha de palavras, a seleção de exemplos do cotidiano e a contextualização dos trabalhos podem ser feitos de maneira a aproximar o objeto ou a prática da realidade do aluno.

Um terceiro desafio é olhar para a cultura e as artes locais e selecionar o que pode ser trabalhado e valorizado como uma expressão identificadora dos jovens de dada região periférica. Desde o movimento da Pop Art, nos anos 1960, a arte jovem veio ganhando espaço, englobando, por exemplo, a arte urbana e o grafite nos anos 1980 e 1990, os quais, como cultura jovem e das ruas, são tão importantes quanto os acervos de museus e as iniciativas acadêmicas.

> A riqueza de oportunidades para projetos esbarra muito mais na desvalorização cultural do que nas possibilidades de espaços e recursos.

Cada grupo social tem os próprios ritos culturais, costumes, gostos e formas de comunicação. A arte, como parte da cultura, acaba representando essa base – o que torna o espaço urbano tão diverso e interessante. A riqueza de oportunidades para projetos esbarra muito mais na desvalorização cultural do que nas possibilidades de espaços e recursos. Questões como mobilidade urbana, poluição, violência e direitos fundamentais também são temas constantes nesses cenários e podem ser fontes de projetos enriquecedores aos envolvidos.

Projetos que resgatem a consciência de pertencimento à cidade, como ocupações artísticas, integração de eventos festivos, competições musicais e de dança e painéis urbanos, podem ser um início dessa integração e valorização. **Integrar** não é apenas se fazer presente em determinados eventos, mas cultivar o reconhecimento de que todos os grupos urbanos pertencem à cidade e enriquecem a diversidade cultural e o desenvolvimento individual.

Para integrar, é preciso constância de ações. Por isso, são interessantes os projetos que relacionam espaços, identidades culturais diversas e estratégias de interação, ou seja, de contato com outros grupos sociais. É importante fazer projetos que valorizem, por exemplo, a cultura de uma comunidade na própria comunidade, porém mais produtivo ainda é levar a cultura da comunidade para outros ambientes da cidade, assim como trazer outras culturas com menor visibilidade para a comunidade e a escola.

Projetos de extensão de ensino, cursos e oficinas podem convidar um público diferente da cidade para a região e ampliar as trocas, da mesma forma que apresentações da produção local em galerias de artes e escolas de regiões mais distantes podem aproximar grupos distantes. Projetos dessa natureza e com certa constância na cidade ao longo do tempo podem contribuir para uma integração mais eficaz e uma identificação de pertencimento e de cuidado com os espaços públicos.

Hörlle (2011), pesquisadora da Universidade Federal do Rio Grande do Sul, publicou resultados da análise que fez sobre o teatro na Vila Dique, na periferia de Porto Alegre. Questionando as concepções de *arte **da** periferia* e *arte **na** periferia*, a autora aponta que as práticas teatrais, inseridas no projeto de reassentamento para auxílio nas práticas do eixo de educação sanitária e ambiental, podem refletir imposições dos educadores de suas verdades sobre os alunos da região.

Por estar em processo de transferência, em razão das obras de ampliação do aeroporto, a Vila Dique recebeu projetos de inclusão social que preparassem seus moradores para se inserirem nas futuras vilas em que seriam realocados. O teatro veio como uma proposta municipal, na qual as crianças encenariam novos costumes e comportamentos mais adequados à realidade do condomínio de que fariam parte.

Contudo, para a pesquisadora, esse projeto não apresentou inclusão, mas condicionamento. Segundo Hörlle (2011, p. 37), "O teatro, nesse contexto exposto, é uma prática educativa domesticadora".

Assim, é importante saber dialogar e perceber as necessidades e possibilidades reais de inclusão que ocorrem mediante a reflexão, e não pelo condicionamento de verdades. Projetos artísticos, culturais e educativos devem ter o cuidado de não aumentar ainda mais o estigma, a baixa confiança social, a mercantilização e a romantização da periferia ou a condição de mudança da cultura local. Existem muitos bons exemplos de projetos culturais em cenários urbano-periféricos. Praticamente em todo grande centro urbano é possível identificá-los.

Um exemplo é o **GrafiArte**, que foi realizado na Escola Estadual Neuza Rezende, em Uberlândia, Minas Gerais, de 2006 a 2007, cujas experiências foram relatadas em *GrafiArte: na periferia do grafite ao ensino de arte* por Evânio Bezerra da Costa, professor da Universidade Federal de Uberlândia (UFU). Desenvolvido no Programa Educacional Afetivo Sexual da escola, o projeto teve origem em encontros semanais do professor Evânio com dois alunos do 8º ano para dar dicas de desenho. Com o tempo, o número de alunos desses encontros foi aumentando até surgir a ideia.

O projeto consistiu em explorar a prática e a sensibilidade dos alunos a partir dos desenhos que eles já praticavam, muito influenciados por técnicas e formas do grafite encontrado nos bairros da região. Estimulados pelo meio, os alunos levaram o conteúdo ao professor, que se mostrou sensível e contribuiu com apoio técnico e de reflexão sobre os trabalhos. A representação de super-heróis de quadrinhos também possibilitou o comparativo entre cânones acadêmicos de proporcionalidade natural do corpo humano e a das animações.

Segundo o professor responsável, a prática dos alunos trouxe uma melhora no rendimento em outras disciplinas, bem como se mostrou uma forma mais fácil de aproximar a arte formal tradicional e acadêmica da arte local urbana, além de permitir maior compreensão da diversidade cultural e do respeito à diversidade expressiva e cultural (Costa, 2008). Ao absorver os referenciais dos alunos, o GrafiArte, mesmo sem grandes exposições ou intervenções urbanas, contribuiu para a valorização da identidade local e do pertencimento dos envolvidos.

O projeto **Duelo de MCs: uma década ocupando as ruas**[7] foi exposto na Casa da Fotografia de Minas Gerais em 2017, composto de aproximadamente 50 fotografias selecionadas do acervo do grupo Família de Rua (FDR), um coletivo cultural de Belo Horizonte. Nas fotografias, foram registradas diversas cenas dos duelos de MCs e de dança, apresentadas em um espaço institucionalizado no centro de Belo Horizonte para um público que, provavelmente, não presencia constantemente as ações do coletivo pela cidade.

Basicamente, o coletivo registra e participa de competições de MCs (competições de versos e músicas em espaço público), as quais ocorrem no espaço urbano, representando identidades culturais de grupos pertencentes à cidade. Desde as competições realizadas na Praça da Estação até os dias atuais, no Viaduto Santa Tereza, o público e os artistas participantes exploram as linguagens do *rap* e do *hip-hop* em sincretismo com a cultura e os temas locais.

Entre os objetivos da mostra, feita pelo jornalista, produtor cultural e integrante da FDR Pedro Valentim, estão a documentação e o resgate da memória do duelo, que têm papel significativo na luta pela ocupação do espaço público e no fortalecimento da cultura de rua. Representar e expor a cultura em que os envolvidos se inserem, bem como viabilizar seu acesso, fecham uma proposta muito produtiva de integração e valorização da diversidade cultural urbana.

Não é pelo fato de acontecer em espaço público que o projeto em si trará integração e contato com outros grupos distintos da sociedade local. O registro e a exposição em outros espaços ampliam o contato e o interesse. Não há problema em utilizar espaços institucionalizados, como museus, para expor a arte periférica. Ao contrário, isso diminui barreiras e mostra que tudo o que é produzido e vivenciado em uma cidade é dela integrante e, por isso, é fundamental encontrar meios facilitadores de propagação e acesso.

Assim, os grandes desafios dos cenários urbano-periféricos, como dar visibilidade, integrar culturas, valorizar identidades e sentimentos de pertencimento, também já gozam de diversas soluções eficientes.

---

7   Saiba mais em: <http://www.belohorizonte.mg.gov.br/evento/2017/05/duelo-de-mcs-uma-decada-ocupando-ruas-familia-de-rua>. Acesso em: 13 abr. 2018.

Projetos artístico-culturais e de ensino nesses contextos podem favorecer, e muito, a diminuição de diversos obstáculos comuns da cidade.

Ressaltamos que os projetos em cenários urbano-periféricos não precisam, necessariamente, tratar de culturas urbanas, mas de qualquer iniciativa artística, como artesanatos, arte-terapia, festividades, cultos e identidades. O importante é buscar sempre uma construção sólida das propostas para que os projetos não se tornem apenas passatempo; ao reverso, que viabilizem ganhos para os envolvidos.

2.4 Diversidade social: cenários patrimoniais e ambientais

Além dos cenários rurais e urbanos, existem os espaços que demandam preservação e projetos de recuperação em razão de seu valor sociocultural. Patrimônios materiais, imateriais e ambientais merecem algumas considerações que garantam ideias e observações sobre projetos culturais e de ensino. Assim, vamos tratar das questões patrimoniais materiais e imateriais para, posteriormente, abordar questões ambientais em correlação com os interesses artístico-culturais e de ensino.

Segundo a Unesco (2018), o *patrimônio imaterial*

> compreende as expressões de vida e tradições que comunidades, grupos e indivíduos em todas as partes do mundo recebem de seus ancestrais e passam seus conhecimentos a seus descendentes. [...]
>
> Apesar de tentar manter um senso de identidade e continuidade, este patrimônio é particularmente vulnerável uma vez que está em constante mutação e multiplicação de seus portadores. Por esta razão, a comunidade internacional adotou a Convenção para a Salvaguarda do Patrimônio Cultural Imaterial em 2003.
>
> É amplamente reconhecida a importância de promover e proteger a memória e as manifestações culturais representadas, em todo o mundo, por monumentos, sítios históricos e paisagens culturais. Mas não só de aspectos físicos se constitui a cultura de um povo. Há muito mais, contido nas tradições,

no folclore, nos saberes, nas línguas, nas festas e em diversos outros aspectos e manifestações, transmitidos oral ou gestualmente, recriados coletivamente e modificados ao longo do tempo. A essa porção imaterial da herança cultural dos povos, dá-se o nome de patrimônio cultural imaterial.

O discurso da Unesco evidencia que cabe a todos os indivíduos a proteção patrimonial – um dever que possibilita a prática do direito à cultura dos povos. Por isso, em muitas situações, é preciso ter sensibilidade para notar o que deve ser preservado e que merece ser objeto de projetos culturais.

Projetos culturais de quilombolas, grupos indígenas, colonos, migrantes e sertanejos materializam contos, folclores e rituais em pesquisas orais, registradas em livros e em audiovisual. Contudo, preservar nem sempre é apenas garantir o registro, mas também assegurar sua prática. O registro de uma lenda em um áudio ou livro é relevante, mas a lenda contada de pais para filhos é mais eficaz quanto à sua preservação, até porque não é somente o conteúdo da história que importa, mas também a forma de contar, os contextos familiar e social, enfim, o rito de relações humanas.

A preservação do patrimônio material é mais técnica e objetiva do que a preservação do patrimônio imaterial. Como a própria Unesco (2018) ressalta, o patrimônio imaterial é mais vulnerável por depender sempre das práticas humanas e suas interpretações. Religiões podem coibir determinadas práticas locais, assim como ideologias políticas e artísticas. Hábitos culturais comuns a um povo podem desaparecer ao serem menosprezados como inferiores ou primitivos – e as gerações futuras, em uma tentativa de aceitação pelo externo, podem abrir mão de suas tradições.

Ritos, culinária, contos, cantigas, artesanato e valores fazem parte do patrimônio imaterial dos povos. No Brasil, essa diversidade é tão grande que muitas cidades começaram a implementar projetos e financiamentos para sua manutenção. Aqui, vale reiterar que a manutenção não é apenas o registro, mas a continuidade das práticas. Dito isso, o artista, o agente cultural e o professor

---

A preservação do patrimônio material é mais técnica e objetiva do que a preservação do patrimônio imaterial. Como a própria Unesco (2018) ressalta, o patrimônio imaterial é mais vulnerável por depender sempre das práticas humanas e suas interpretações.

---

devem identificar, em sua região, os patrimônios materiais e imateriais que podem receber projetos de recuperação e de manutenção e práticas.

Para preservar, é preciso conhecer. Nesse sentido, o projeto **Patrimônio Histórico-cultural de Belém**[8], realizado em 2008 pela Escola Municipal Palmira Lins de Carvalho, em Belém, Pará, teve ação composta por diversas iniciativas, tanto para o patrimônio material quanto para o imaterial. De forma simples, os alunos foram convidados a observar objetos, como brinquedos e artesanatos locais, em sala de aula. Cada aluno escolhia um objeto e discutia com os colegas a estética, a funcionalidade e sua relação com a cultura atual dos jovens.

Posteriormente, foram feitas excursões aos museus da cidade, em que os alunos visitaram trabalhos artísticos acadêmicos, as edificações históricas da cidade e os novos prédios e a arquitetura no entorno. Por fim, ao retornarem à escola, os alunos debateram e produziram materiais, que deram ensejo a uma exposição sobre a cultura e os bens materiais e imateriais da região.

O mais relevante, contudo, não foi o resultado final, mas a prática das brincadeiras, dos ritos de cada objeto e a ocupação dos espaços patrimoniais. O valor do projeto reside em seu processo de realização. Muitas vezes, os projetos voltam-se apenas para os resultados, como exposições e mostras, mas, no caso do patrimônio imaterial, a vivência é muito importante, e é durante a investigação que ela ocorre.

Esse projeto simples, sem necessidade de financiamentos, realizado apenas pela boa vontade de professores e alunos, leva a práticas que valorizam e reafirmam a identidade local e mantêm o patrimônio vivo por mais uma geração. Projetos em sala de aula que abordam o resgate da cultura de indígenas e de quilombolas podem ser efetivados por meio de debates e visitas a esses grupos, bem como mediante observação e prática de seus costumes.

Também no Pará, o projeto **Educação, etnicidade e desenvolvimento: fortalecimento de alunos e alunas quilombolas na Educação Básica**[9] resgatou as origens quilombolas da comunidade local por meio de iniciativas culturais e de ensino. Em parceria com a Secretaria de Educação do

---

8 Saiba mais em: <https://pt.slideshare.net/g.jamille/projeto-patrimnio-presentation>. Acesso em: 13 abr. 2018.

9 Saiba mais em: <http://copirseduc.blogspot.com.br/2012/08/seduc-desenvolve-projeto-para.html>. Acesso em: 13 abr. 2018.

Pará, o projeto foi realizado por meio de oficinas de formação dos professores e alunos de diversas cidades paraenses, abordando a relevância do patrimônio cultural (material e imaterial) dos quilombolas que formam as sociedades locais.

O projeto **Lençóis esquecidos no Rio Vermelho: intervenção urbana**[10] traz outra forma de resgate patrimonial por meio da poética artística de Selma Parreira. Em 2009, a artista estendeu lençóis brancos na ponte sobre o Rio Vermelho. Após uma pesquisa das fotografias de lavadeiras que utilizavam as águas do rio para sua profissão, Parreira decidiu criar seu trabalho de *site specific* e intervir na paisagem da cidade de Goiás, em Goiânia. Remetendo à prática daquelas mulheres do início do século XX, a artista trouxe, um século depois, a memória da cidade em uma ação poética.

Essa intervenção contou com a ação artística contemporânea que dialoga com a memória e fomenta a reflexão dos cidadãos sobre suas origens. Práticas como essa, que desenvolvem a poética do artista sobre a memória do local, também são uma forma muito positiva de fomentar o resgate e a preservação patrimonial. Projetos podem exigir financiamento, mas, caso o custo seja muito baixo, parcerias simples com fornecedores já podem contribuir para sua execução. Uma boa pesquisa para uma ação artística vale mais do que recursos a serem gastos sem estratégia.

A **preservação do patrimônio ambiental** envolve outras questões. Coleta de resíduos em praias, parques, trilhas e lagos podem fornecer materiais para trabalhos artísticos. Nem sempre a reciclagem gera um trabalho interessante em arte, mas o ato de reciclar e praticar técnicas com diversos materiais tem um custo baixo e auxilia no processo de ensino e aprendizagem dos alunos.

É no lixo que muitos artistas encontram seus materiais. Em cada local, a natureza desses objetos muda. Por exemplo, em praias, é comum encontrar garrafas de água e latas de bebidas; em caçambas de demolição, restos de madeiras, móveis e alvenaria. O lixo de oficinas e bicicletarias são ricos em metais, e os de feiras, em orgânicos.

Tudo o que consumimos produz lixo e resíduos. Esses materiais podem ser utilizados para bons trabalhos, recebendo tratamento estético e sem perder discursos ambientais, como no caso dos

---

10 Saiba mais em: <http://e-revista.unioeste.br/index.php/travessias/article/view/3225/3552>. Acesso em: 13 abr. 2018.

trabalhos da artista curitibana Georgete Zelazowski. Em suas criações com cápsulas de café expresso, como o **Projeto 23867** (número de cápsulas usadas), a artista evidencia, na quantidade, o consumismo. Em parceria com lojas e a marca do café, a artista conseguiu realizar projetos maiores e diversas exposições em 2016 e 2017.

Além do lixo e de resíduos, os projetos ambientais também englobam *site specific* e *land art*, intervenções em locais e paisagens de que tratamos anteriormente. O primeiro cria trabalhos específicos para determinado local (fora do qual perde seu sentido ou potencialidade); o segundo, por sua vez, utiliza os recursos disponíveis na natureza do lugar trabalhado, como pedras, gravetos e folhas para criar desenhos, esculturas e interferências na paisagem.

Ressaltamos que o ambiente e a natureza são muito propícios para interferências e ações. Comunidades e indivíduos que se encontram em contato mais intenso com a natureza – como em beira de rios, zonas de mata nativa e costas litorâneas ainda preservadas da ação humana – podem fomentar projetos que unam preservação e criação artística.

No caso do ensino, é possível também promover projetos ambientais de visitação, de conscientização e de recuperação. Fauna, flora e recursos naturais podem ser abordados dentro e fora da sala de aula. O projeto **Arte na Terra**", inserido na Rede de Educadores Ambientais da região de Ribeirão Preto e no Coletivo Formador de Educadores Ambientais em parceria com a organização não governamental (ONG) Mutirão Agroflorestal, desde 2005, tenta unir conscientização ambiental e práticas artísticas de forma simples para o ensino.

Os jovens e professores passam um dia na Fazenda São Luiz, onde desenvolvem atividades ambientais e culturais ligadas à terra e à conscientização ambiental. O uso de jogos cooperativos entre os jovens estimula a comunicação, o respeito aos direitos humanos, a responsabilidade ambiental e reflexões

> Comunidades e indivíduos que se encontram em contato mais intenso com a natureza – como em beira de rios, zonas de mata nativa e costas litorâneas ainda preservadas da ação humana – podem fomentar projetos que unam preservação e criação artística.

---

11   Saiba mais em: <http://artenaterra.com.br/conteudo_site/projeto>. Acesso em: 13 abr. 2018.

sobre a cultura do consumo e a cultura do desenvolvimento sustentável. Lembre-se: *cultura* não é apenas arte, pois engloba todas as práticas sustentadas por valores de uma comunidade. Questionar o consumismo e a relação agressiva com a natureza também pode ser um projeto relevante para que as futuras gerações possam ter o direito ao acesso cultural ambiental e à agricultura sustentável.

Portanto, projetos e iniciativas artístico-culturais e de ensino podem ser criados com base em questões patrimoniais materiais, imateriais e ambientais. Incentivar a interação entre artes, cultura e meios enriquece a percepção sobre a realidade do aluno e contribui para o desenvolvimento das sociedades locais.

Dessa forma, artistas, agentes culturais e professores devem olhar para a cultura de seu público e investir em propostas contextualizadas, de fácil acesso, buscando em experiências já desenvolvidas – a exemplo das aqui apresentadas – um incentivo para criar as suas e, em outros artistas e acervos, algumas propostas artísticas que dialoguem com o conteúdo em sala de aula. É fundamental superar os desafios que surgem nas ações coletivas, dependendo menos do financiamento externo e valorizando as redes de indivíduos, professores e alunos nas realizações culturais.

2.5 Diversidade social: cenários de minorias de direitos

Abordaremos, agora, os cenários das minorias de direitos. Muitas vezes, ouvimos falar que um indivíduo faz parte de uma minoria racial ou de gênero. Essa concepção de *minoria* não diz respeito ao número de indivíduos de determinado grupo na sociedade, mas no respaldo insuficiente que o grupo enfrenta no que se refere à aplicação das leis.

> Projetos e iniciativas artístico-culturais e de ensino podem ser criados com base em questões patrimoniais materiais, imateriais e ambientais. Incentivar a interação entre artes, cultura e meios enriquece a percepção sobre a realidade do aluno e contribui para o desenvolvimento das sociedades locais.

As minorias sociais são minorias de direitos. Por mais que possam parecer universais na Constituição Federal de 1988 (Brasil, 1988), as normas não dão conta de defender igualmente todos os indivíduos. Ter leis iguais não significa, necessariamente, que todos são tratados de forma igualitária. Ainda que previsto expressamente na Constituição que todos são iguais perante a lei, gozando dos mesmos direitos e deveres, muitos sofrem preconceitos em razão de sua identidade física, econômica, afetiva, religiosa ou de origem.

Esses cenários de desigualdade social podem ser amenizados com boas práticas que permitam a voz, a autoestima e a inclusão social. É responsabilidade do agente cultural e do professor observar que iniciativas culturais, da mesma forma que podem excluir indivíduos, podem também agregar e facilitar o direito à cultura realmente para todos.

> Na história da arte, projetos culturais e de ensino que recuperam quadros, músicas, peças teatrais, esculturas, literatura e outras produções podem criar resgates de temas e grupos minoritários.

A partir de agora, examinaremos algumas práticas comuns de projetos culturais e de ensino das artes visuais em contextos de minorias de direitos. As artes, apesar dos tradicionais temas em suas diversas linguagens, como música, pintura e escultura, sempre tiveram espaço para a retratação e o debate de grupos sociais marginalizados ou discriminados. No espaço cultural e de ensino, é importante ter consciência de práticas acessíveis a todos e que não fomentem ainda mais as desigualdades de nossa sociedade.

Na história da arte, projetos culturais e de ensino que recuperam quadros, músicas, peças teatrais, esculturas, literatura e outras produções podem criar resgates de temas e grupos minoritários. A retratação de grupos étnicos, como indígenas e negros, ou das mulheres e das relações homoafetivas, ou, ainda, das manifestações e expressões religiosas pode ser posta em debates, reflexões críticas e projetos de diálogo na prática contemporânea.

Além da abordagem da história da arte, iniciativas artísticas que retratam o comportamento contemporâneo desses grupos podem diminuir a distância entre o público e esses cenários retratados. Conhecer, aproximar-se e compreender a realidade do outro pode ser um caminho para superar ou amenizar práticas hostis e de preconceito. Mostras, bienais, salões de arte, concursos, semanas temáticas, encenações e festivais são um bom caminho para projetos que lidem com essa temática.

Observando iniciativas nos **espaços escolares**, onde muitos temas são considerados tabu, é preciso ter flexibilidade e maturidade para abordá-los sem gerar mais transtornos às minorias. Os indivíduos têm anseios, expectativas e valores que devem ser respeitados, mas, prezando por uma educação humanista e humanizada, é preciso compreender, ao menos, que a diversidade é fundamental para o autoconhecimento da turma.

Respeitar a diversidade é um dever, e não uma escolha. Em muitos cursos de formação de professores, a obrigatoriedade de disciplinas de conteúdo étnico-raciais traz ao ensino uma nova preocupação, que, por muito tempo, não existia no Brasil. A diversidade existia na prática, mas, em se tratando de conteúdo, nada havia de inclusivo.

A questão **étnico-racial** talvez seja hoje a que mais tem bons materiais, experiências de projetos e resultados positivos. A legislação sobre o tema conseguiu fazer a diferença em espaços que antes eram marcados por discriminação entre alunos, professores e profissionais da educação. Práticas pedagógicas inclusivas também contribuíram para o entendimento de que nossa cultura é diversa, e isso é um ponto positivo para solucionar desafios do cotidiano e incentivar a compreensão e o respeito entre seres humanos.

Projetos como o **Diversidade na Escola**[12], coordenado em cidades-satélite de Brasília, levam para a sala de aula dinâmicas, vídeos, debates e outros materiais sobre grupos étnicos, raça, gênero, diversidade sexual e acessibilidade e inclusão de alunos. O projeto atende à Resolução n. 1, de 11 de setembro de 2012, do Conselho de Educação do Distrito Federal (CEDF), que "trata de temas como discriminação racial e de gênero" (Distrito Federal, 2012).

Em muitos locais do Brasil, legislações estaduais garantem a proteção de minorias e orientam práticas inclusivas. No caso do CEDF (Distrito Federal, 2012):

---

12 Saiba mais em: <http://estatico.cnpq.br/portal/premios/2013/ig/pdf/ganhadores_9edicao/Categoria_EnsinoMedio/EscolaPromotora/CE_Planaltina.pdf>. Acesso em: 13 abr. 2018.

Art. 19. Constituem conteúdos dos componentes curriculares obrigatórios da educação básica:

I – História e Cultura Afro-Brasileira e Indígena nos ensinos fundamental e médio, ministradas no âmbito de todo o currículo escolar, em especial nas áreas de arte e de literatura e história brasileira;

[...]

VI – Direitos da mulher e outros assuntos com o recorte de gênero nos currículos dos ensinos fundamental e médio.

Essa inclusão de temas, contudo, depende da iniciativa dos professores em bom diálogo com a proposta e com os alunos. Apenas contemplada nas leis, a inclusão não está garantida. O Estado deve assegurá-la, mas é na prática e no engajamento dos indivíduos que as normas alcançam, de fato, realização concreta.

No projeto do Distrito Federal, assim como em muitas outras instituições de ensino, levar para a sala de aula materiais e debates é uma possibilidade simples e eficiente. Mas, e quando precisamos intervir em nossa realidade local para além dos muros da escola? Nesse contexto, as iniciativas encontram processos mais complexos de execução.

Uma primeira possibilidade são os **espaços institucionais**, como o projeto **A Palavra Líquida – Questões de Gênero**, que ocorreu no Sesc Tijuca, no Rio de Janeiro, em 2017. Segundo informações de Carvalho (2017), no projeto, o espaço da instituição foi utilizado para promover a multilinguagem: mesas literárias, exibições de filmes, peças de teatro e de artes visuais e apresentações de dança e música. O Sesc Tijuca reservou a Casa Rosa – espaço que permite diferentes formatos culturais – para receber a programação do projeto e, com isso, ampliar a conscientização sobre as diversidades sexual e de identidades de gênero, como na obra *Macho Toys*, de Fábio Carvalho.

E quando não existem espaços institucionais de fácil acesso na região? A solução é utilizar outros espaços, como a internet ou o espaço público. Algumas opções são as mostras de filmes em praça pública, projetados em uma parede branca de algum prédio, os folhetins explicativos, as encenações teatrais em praça pública, os pequenos documentários, as intervenções urbanas e as mostras artísticas das minorias.

Exposições de artistas mulheres, negras, refugiadas e migrantes são comuns e mostram um olhar de indivíduos que questionam o *statu quo* (a ordem estabelecida das coisas) das artes e da cultura vigente. É importante, contudo, não tratar a arte e os projetos das minorias como exóticos, mas como parte real de nossa sociedade e realidade. Porém, vale ressaltar que ainda não alcançamos uma posição satisfatória de representatividade e de oportunidades para todos.

A arte pode diminuir distâncias entre culturas. No caso de refugiados, expatriados e outros migrantes, ela pode aproximar o público do tema, retratando desafios, contribuições e possibilidades desses indivíduos à sociedade; assim como pode dar voz e visibilidade a temas e situações que corriqueiramente não seriam percebidos.

Por se tratar de um canal de comunicação sensível, as artes visuais expressam sentimentos e expectativas de seus criadores. Quando o artista está conectado à sua sociedade, ele consegue expor os anseios coletivos em maior escala, como no caso dos trabalhos do artista urbano Banksy e seus grafites denunciativos dos costumes e sistemas econômicos e políticos. De modo geral, é preciso compreender as potencialidades da experiência artística dentro e fora de sala de aula. Com vistas ao alcance de melhores resultados, temas como *racismo* e *xenofobia*, por exemplo, podem ser abordados de forma mais eficaz por meio de projetos culturais.

> A interdisciplinaridade nos cenários de minorias de direito esbarra nos temas mencionados, como inclusão, respeito e diversidade. Em sua definição mais comum, inclusão social seria o conjunto de meios e ações que combatem a exclusão aos benefícios da vida em sociedade, provocada pelas diferenças de classe social, educação, idade, deficiência, gênero, preconceito social ou preconceitos raciais. Inclusão social é oferecer oportunidades iguais de acesso a bens e serviços a todos. (Amaral Junior; Burity, 2006, [s.p.])

Segundo o governo brasileiro, o respeito à diversidade "é uma forma de promover a inclusão. De acordo com declaração universal [do Sistema ONU, da qual o Brasil é signatário], não deve haver discriminação por raça, cor, gênero, idioma, nacionalidade, opinião ou outro motivo" (Portal Brasil, 2009), e assim se faz presente o respeito, que conduz à inclusão social da diversidade e à possibilidade de uma sociedade mais justa e humana.

Nesse sentido, o respeito deve ser a base que sustenta os projetos em cenários de minorias de direitos. Somente respeitando os indivíduos e as diversidades cultural, étnica, religiosa, de gênero, de origem, econômica e política é que os resultados finais podem ser produtivos. Na diversidade entre alunos, nos temas retratados pelas artes ou nas manifestações culturais, a inclusão é alcançada quando todos os envolvidos tomam consciência dos ganhos que a pluralidade traz.

Uma sociedade diversa merece atenção e projetos que valorizem cada uma de suas manifestações, identidades e comunidades. Uma sociedade diversa e inclusiva fomenta o desenvolvimento de todos. Se garantida apenas na lei, a inclusão pode não acontecer – por esse motivo é que agentes culturais, artistas e professores devem tomar as iniciativas necessárias e promover a melhoria do bem-estar social.

Síntese

Neste capítulo, demonstramos como os diferentes contextos podem ser espaços de desafios, mas também de oportunidades para o artista, o agente cultural e o professor de Artes Visuais. A diferenciação entre sociedades materialistas (ainda preocupadas com temas de sobrevivência) e as sociedades pós-materialistas (com bons índices de bem-estar social e, portanto, mais preocupadas com questões relacionadas à arte e à cultura) também interfere no orçamento e no apoio às práticas e iniciativas artístico-culturais de uma região.

Analisamos, ainda, a diversidade social em cenários rurais, urbano-periféricos, patrimoniais, ambientais e de minorias de direitos. Os desafios do campo, como a distância entre moradores e a baixa institucionalização, podem ser superados, por exemplo, com iniciativas itinerantes, e barreiras sociais e marginalização podem ser enfrentadas com a valorização e a integração sociais em projetos diversos.

As questões patrimoniais, ambientais e de minorias são mais complexas, pois envolvem outros campos da cultura e da sociedade além das artes visuais. Contudo, constatamos que iniciativas artísticas podem superar alguns desafios desses temas, bastando boa vontade e disposição para enfrentá-los.

Olhar para projetos já realizados, como os apresentados neste capítulo, pode contribuir para novas práticas respaldadas em ações que já foram testadas. Buscar bancos de boas práticas, criar novas intervenções e, ao realizá-las, compartilhar com a comunidade são atitudes que contribuem para a superação de obstáculos. As trocas de projetos são fundamentais para o fortalecimento de mais projetos e, consequentemente, para a melhoria da sociedade como um todo.

Indicações culturais

Sites

BRASIL CULTURA. Disponível em: <http://www.brasilcultura.com.br/>. Acesso em: 16 abr. 2018.

Confira o *site* Brasil Cultura e acesse informativos nacionais de cultura.

INSTITUTO ARTE NA ESCOLA. Disponível em: <http://artenaescola.org.br/>. Acesso em: 16 abr. 2018.

O Instituto Arte na Escola é uma organização que premia boas práticas e mantém informativo de boas práticas educacionais.

ITAÚ CULTURAL. **Agenda 21 da Cultura**. Disponível em: <http://www.itaucultural.org.br/outros/agenda-21-da-cultura/>. Acesso em: 16 abr. 2018.

Conheça a Agenda 21 da Cultura no Observatório do Itaú Cultural sobre práticas culturais.

Atividades de autoavaliação

1. É correto afirmar que um dos principais desafios de projetos no campo é a distância entre os habitantes em relação aos centros das cidades?
    a) Não, o campo é zona intermediária entre a urbana e a sertaneja e, por isso, é agraciada com uma pluralidade ímpar de manifestações culturais que fomentam a educação e as galerias de arte ao longo das estradas.
    b) Não, o campo, apesar de ser zona rural, é integrado e conta com diversas universidades, como as rurais, que promovem a cultura dos habitantes satisfatoriamente.
    c) Sim, por ser zona rural, os indivíduos do campo têm pouco interesse em questões culturais e estão quase sempre concentrados apenas no trabalho, pois não há cultura local.
    d) Sim, por ser zona rural, o campo tem uma densidade populacional muito elevada, facilitando a criação de diversas instituições artísticas que centralizam as atividades e promovem a cultura local.
    e) Sim, por ser zona rural, o campo tem famílias distribuídas esparsamente pela região, necessitando de projetos itinerantes ou que descentralizem as práticas para que o maior número possível de pessoas tenha acesso a elas.

2. Sobre iniciativas educacionais em cenários urbano-periféricos, é correto afirmar:
    a) Algumas dificuldades já foram superadas com a criação de milícias de controle, que implementaram práticas educacionais militaristas aos jovens.
    b) É possível criar iniciativas educacionais, porém somente com financiamento governamental, pois não existem apoiadores para os projetos em zonas tão distantes do centro financeiro da cidade.
    c) Não é aconselhável criar iniciativas em regiões periféricas, uma vez que as comunidades locais são aculturadas e subdesenvolvidas.
    d) Com sensibilidade à realidade local, é possível promover iniciativas de valorização da cultura e do ensino e de integração com a sociedade em seu entorno.
    e) Não é aconselhável criar iniciativas em regiões periféricas em razão dos altos índices de violência.

3. Assinale a alternativa que contém apenas exemplos de patrimônios materiais:
   a) Rezas, tapeçarias, mobília e cantigas.
   b) Folclore, cantigas, talheres e mobília.
   c) Talheres, fachadas históricas de moradias, livros e mobília.
   d) Cantigas, talheres, fachadas históricas de moradias e expressões linguísticas.
   e) Mobília, tapeçaria, rezas e folclore.

4. É possível que as escolas figurem como parceiras das práticas de artistas e agentes culturais?
   a) Não, o espaço escolar é destinado apenas aos alunos e às práticas realizadas por eles.
   b) Sim, pois pode ceder o espaço para exposições e realizações culturais de artistas locais.
   c) Não, o espaço escolar só pode ser utilizado para aulas, visto que nem os alunos podem ali realizar práticas artísticas e culturais.
   d) Não, o espaço escolar é de todos e, por isso, pode ser utilizado pela sociedade para qualquer fim cultural.
   e) Não, pois no espaço escolar não é permitido o uso de bebidas alcóolicas ou entorpecentes, o que inviabiliza a parceria.

5. A diversidade social é fator positivo ou negativo na realidade brasileira?
   a) Positivo, por diversificar experiências e possibilidades de criação cultural.
   b) Negativo, por criar choques entre grupos e impedir o desenvolvimento cultural das cidades.
   c) Positivo, por incitar a xenofobia e proteger a cultura nacional dos estrangeiros.
   d) Negativo, por valorizar a xenofobia e proteger a cultura nacional dos estrangeiros.
   e) Negativo, por criar perseguições étnicas e difundir a migração no território nacional.

Atividades de aprendizagem

Questões para reflexão

1. Qual é a importância da diversidade cultural para uma sociedade?

2. Atualmente, no Brasil, o que a diversidade de cenários sociais e econômicos exige do professor de Artes Visuais para uma boa prática do ensino?

Atividade aplicada: prática

1. Identifique, em sua região, um grupo culturalmente distinto do grupo que você integra. Explique quais características e práticas desse grupo são diferentes em relação ao seu grupo. Agora, escreva um breve texto indicando as práticas culturais que o grupo que você elegeu poderia desenvolver e das quais você teria interesse em participar.

3

Elaboração de projetos artístico-culturais e de ensino das artes

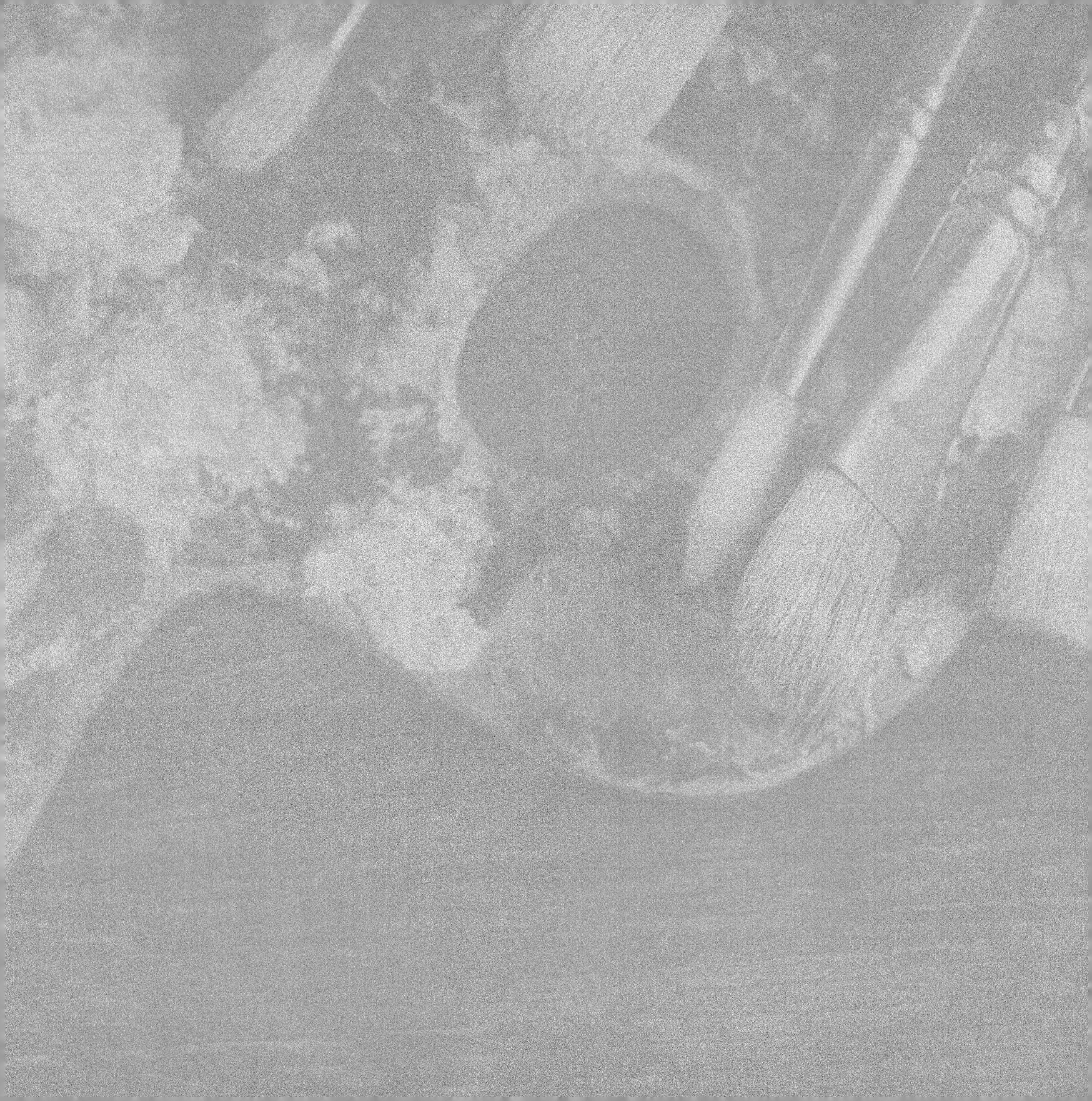

Neste capítulo, buscamos debater alguns temas relevantes da elaboração de projetos. Selecionamos três temas principais que orientam a prática da criação e a realização de projetos: elaboração de projetos artístico-culturais e de ensino das artes; estratégias de candidatura e execução de projetos; e estratégias de monitoramento dos resultados e produção de registro ao término dos projetos.

Para tanto, analisaremos algumas estratégias e orientações práticas para a elaboração de projetos e sua execução. Na gestão de projetos, sempre é preciso buscar novas experiências e soluções. A inovação é uma qualidade importante, mas isso não significa que reproduzir projetos não mais pioneiros seja um erro. Ao contrário, como vimos, muitos projetos se tornam modelos de boas práticas e acabam ditando as regras de editais, licitações e financiamentos governamentais e privados.

Entre a inovação e o consolidado, é necessário ponderar que os projetos devem ser de fácil gestão e execução por parte de seus idealizadores para que o resultado seja positivo. As partes que financiam um projeto buscam não só resultados públicos, mas também pessoais. Por isso, cotas e contrapartidas são uma preocupação a parte neste capítulo. Além disso, acompanhar os resultados e documentá-los vale para criar portfólio e, consequentemente, enriquecer o currículo para novas iniciativas.

Para projetos ligados ao ensino, importa uma ressalva: é preciso observar o conteúdo dos Parâmetros Curriculares Nacionais (PCN), da Lei de Diretrizes e Bases da Educação Nacional (LDBEN), das Diretrizes Curriculares Nacionais do Curso de Graduação em Artes Visuais e de toda a documentação a que o governo e as escolas se submetem. Os projetos educacionais devem respeitar essas orientações e estar a elas alinhados, a fim de fomentar um processo de ensino e aprendizagem em conformidade legal.

A elaboração de projetos exige, ainda, uma preocupação com dados sobre gestão, estratégia de pessoal, quadros e tabelas de funções, cronogramas e custos. Evidentemente, nem todo projeto precisa se adequar a um edital com tantas exigências. Muitos projetos são simples, bastando apenas a vontade ou alguns colaboradores para sua realização. Projetos com maior custo e logística, no entanto, como os financiados por editais e licitações, devem ser bem estruturados.

Outro ponto relevante na elaboração e na execução de projetos são as parcerias. Amigos podem ser boas companhias, mas na realização de projetos é preciso corpo técnico e associação com empresas, instituições governamentais e outras da sociedade civil. Cada agente envolvido tem suas regras e seus interesses, e é necessário traçar objetivos e resultados de comum acordo ou que possam angariar maior apoio dos agentes envolvidos.

Feitos esses apontamentos, iniciaremos com as primeiras dicas para a elaboração de projetos, passando pelas diferenças entre editais e licitações e suas principais regras, pelos interesses de cotas e contrapartidas para investidores e colaboradores, chegando, finalmente, à gestão financeira e aos principais incentivos e parcerias culturais em uma realidade de contextos diversos.

Assim, esperamos que, após a leitura deste capítulo, você compreenda as principais etapas de um projeto e sinta-se incentivado a criar os próprios projetos artísticos, culturais e de ensino das artes. Nosso intuito é facilitar os processos iniciais de busca por editais e licitações, com os quais é possível conseguir apoio financeiro para a realização de projetos. Reiteramos, porém, que nem sempre um projeto depende de financiamentos ou de editais para ser realizado; muitos podem ser resultados da ação do próprio proponente e dos agentes sociais envolvidos voluntariamente.

3.1 Elaboração de projetos

Os projetos **informais** são iniciativas, decisões, participações e apoio de indivíduos a causas, dinâmicas e ideias que não precisam de uma organização formal ou seu registro. Eles são corriqueiros e frequentes em nossa sociedade. Uma iniciativa, uma campanha, uma rifa, uma ação artística ou uma atividade em sala de aula não precisam responder a documentos e regras preestabelecidas para ocorrer.

Por sua vez, os projetos **formais** exigem todo um cuidado por serem vinculados a financiamento externo, regras públicas e privadas bem específicas e resultados esperados – que exigem controle do processo. É deles que trataremos neste capítulo. A elaboração de um projeto artístico, cultural ou de ensino exige organização, visão estratégica, comprometimento e conhecimento sobre os agentes e as regras envolvidas.

O primeiro passo é identificar qual é o caminho formal do projeto. Abordaremos adiante as diferenças entre editais e licitações, mas aqui é importante entender que um ***edital*** (ou uma licitação) é um chamado de uma instituição ou empresa para que terceiros proponham uma ideia que traga um resultado interessante, em conformidade com as regras ali estabelecidas. Assim, é preciso identificar em qual ou quais editais e oportunidades o projeto se encaixa.

Identificada a melhor oportunidade, é preciso conhecer suas **normas**: ler as regras, conhecer os prazos, entender quais resultados o chamado almeja e, de forma muito crítica, avaliar se existe possibilidade de atender a esses requisitos de forma plena. Analisadas essas questões, é hora de seguir com a organização das ideias.

Essa segunda etapa – de organização das **ideias** – é importante para saber o que e como fazer para atender aos interesses do chamado. Conhecendo as regras, as possibilidades e as limitações do chamado, é possível criar soluções e propostas criativas. Quando há concorrentes, boas propostas são muito importantes. Boas ideias costumam seduzir, mas isso não basta – se não forem viáveis ou se seus resultados forem obscuros ou incertos, devem ser descartadas.

Em uma sociedade de mercado, ninguém transfere dinheiro para projetos incertos ou pouco expressivos. Exceto se não existir concorrentes, é melhor pensar em maneiras de alcançar melhores resultados. A criatividade é muito importante, mas não é a única qualidade relevante nessa segunda etapa. Após avaliar as ideias, é hora de pensar em como executá-las.

A forma de **execução** exige uma visão sobre recursos, tempo, disposição e possíveis contratempos. Na realidade das artes, o mundo das ideias é bem diferente do mundo material, vale dizer: o que pensamos nunca se materializa perfeitamente em razão de limitações de recursos, técnicas e dos acontecimentos. Mas o que é materializado já se torna perfeito simplesmente por existir. Nas artes, as ideias não significam nada se não forem compartilhadas e, para tanto, muitas delas demandam mais do que a fala – é preciso colocar as mãos na massa!

Desenhos, croquis, maquetes, textos, fotografias, manuais e outros meios são exigência da maioria das chamadas. Essa **materialização** é a tentativa de transmitir a ideia da cabeça do agente para o financiador, que precisa compreender bem o possível resultado. Projetos, de modo geral, tratam de algo que ainda não existe, são intenções, mas nem por isso vale tudo, pois é imprescindível o controle dos resultados.

> Nas artes, as ideias não significam nada se não forem compartilhadas e, para tanto, muitas delas demandam mais do que a fala – é preciso colocar as mãos na massa!

Como esse material é o único meio para que o financiador ou patrocinador entenda o objetivo, é preciso caprichar! Se o projeto for sobre a produção de uma poética, é importante mostrar trabalhos já realizados, desenhos de diversos ângulos, de proporcionalidade humana e espacial etc. É necessário investir na imagem e nos registros a fim de que seja alta a probabilidade de o outro compreender o projeto e o resultado final.

No caso de iniciativas de ensino não é diferente. As expectativas e os resultados devem ser demonstrados de **forma escrita**. Se possível, é interessante expor experiências próprias ou de terceiros afins ao projeto e que tiveram sucesso. Se for o primeiro projeto, vale lembrar: muitos já fizeram projetos parecidos em outras realidades e contextos e é possível aprender com a experiência de terceiros para se sentir seguro e confiante em sua proposta – e não cometer os mesmos erros caso tenham ocorrido.

Ainda, é essencial fazer previsão do **cronograma** (tempo que a proposta vai demandar para ser realizada) e dos **custos** envolvidos, sempre deixando margem para imprevistos. Mas não é necessário exagerar na margem de custo baseando-se em situações improváveis – a previsão dos cálculos de execução exige sensatez.

É imprescindível entender o **espaço** em que o projeto será executado, quais ajudas financeiras receberá da chamada e quais responsabilidades de **recursos**, técnicos e financeiros, ficarão por conta do proponente. Os trabalhos artísticos poderão usar os espaços determinados? A idade dos alunos é compatível com a experiência proposta? Tudo isso deve ser pensado e colocado no papel. Por mais que não seja necessário entregar esses dados – quando a chamada não exige –, é importante tê-los para manter o controle do processo.

A próxima etapa é a **conquista** da chamada. Quais são os diferenciais do projeto? O portfólio, o currículo e a ideia do proponente são fortes? É necessário pensar na apresentação dos dados do projeto, no papel, na fonte e na organização visual dos dados. Cada papel, por exemplo, pode ter um impacto distinto. É importante aproveitar cada possibilidade prevista na chamada para não produzir algo que passe indiferente ao olhar do outro, mas sem exagerar, isto é, sem poluir visualmente a apresentação. A simplicidade é sempre um bom caminho – mas ser simples não significa ser apático ou simplório.

É essencial respeitar o cronograma da chamada, não insistindo em saber resultados ou alterar datas de entrega. Em caso de perda de prazo, é melhor nem tentar negociar, pois isso pode comprometer a relação. Ser responsável e esperar os resultados, bem como não cantar vitória nem derrota antes da hora, demonstra profissionalismo.

Na hora da **realização**, é importante seguir o combinado e apresentado no projeto e no cronograma, sendo fiel à ideia original, que foi escolhida. Muitas vezes, vencedores de editais alteram projetos após serem escolhidos, pois acreditam que os vencedores do processo foram eles. Na verdade, quase nunca é o proponente que vence, mas a ideia do projeto.

A seguir, trazemos um exemplo de ficha de edital de artes visuais que pode auxiliar na organização pessoal – mas, lembre-se, cada edital tem seus modelos e interesses.

Leia com atenção o Edital antes de preencher os campos deste formulário de inscrição.

1. Identificação do proponente – pessoa física ou jurídica que apresenta a proposta

Nome completo ou razão social:

CPF/CNPJ: Endereço completo:

Bairro: Cidade: CEP: UF:

Telefone(s):   E-mail(s):

2. Identificação da proposta

Título: Cidade e Estado de origem:

Atividade:
[ ] Exposição
[ ] Intervenção urbana
[ ] Instalação
[ ] Lançamento ou relançamento de livros, revistas e catálogos
[ ] Performance
[ ] Proposta de interação com o público do festival
[ ] Videoarte

3. Resumo da atividade – no máximo 20 linhas

4. Histórico da atividade (participação em mostras, exposições e outros eventos) – no máximo 30 linhas

(continua)

(continuação)

5. Principais integrantes da equipe – tantas linhas quanto forem necessárias

Nome artístico	Função

6. Currículos dos principais integrantes da equipe – no máximo 30 linhas de cada profissional (anexar ao formulário de inscrição)

7. Currículo do proponente – no máximo uma página (anexar ao formulário de inscrição)

8. Currículo do profissional, artista ou grupo (só preencher se não for o proponente) – no máximo uma página (anexar ao formulário de inscrição)

9. Valor da proposta

R$ (registrar também o valor por extenso)

(conclusão)

10. Observações

1. Não serão aceitas inscrições de atividades que participaram de editais anteriores, conforme o edital.
2. O proponente deverá apresentar materiais complementares que contribuam para a análise da atividade proposta, como CDs, DVDs, fotos, catálogos, matérias de jornal, *site*, entre outros.
3. Para realização de exposições e lançamentos ou relançamentos de livros, revistas ou catálogos, caso a proposta seja selecionada, é necessária a apresentação de carta de anuência dos artistas envolvidos.
4. No caso de opção pela inscrição por DVD, o proponente deverá:
    - Preencher somente os campos: Identificação do proponente; Identificação da proposta; Valor da proposta; Local e data; Assinatura do proponente e do profissional, artista ou integrante do grupo.
    - Informar no depoimento gravado: Resumo da atividade; Histórico da atividade; Principais integrantes da equipe; Currículos dos principais integrantes da equipe; Currículo do proponente; Currículo do profissional, artista ou grupo.
    - Anexar ao formulário de inscrição: necessidades técnicas e de infraestrutura (se houver); materiais complementares (CDs, DVDs, fotos, catálogos, matérias de jornal, *site*, entre outros).
5. Será desabilitada a inscrição cujo DVD não estiver em condições de ser analisado.
6. Caberá ao proponente:
    - executar integralmente a proposta selecionada para o festival;
    - disponibilizar os equipamentos necessários à execução da atividade, a exemplo de *notebooks*, computadores, celulares, projetores etc.)
    - transportar as obras e os equipamentos da atividade/exposição.
7. O descumprimento do exposto no **item 6** acarretará a renegociação do valor previsto na proposta.
8. O *e-mail* informado neste formulário **deverá ser consultado frequentemente**, pois será o canal de comunicação entre a chamada e o responsável pela proposta.

Local e data: _____ , ___/___/_____ .
Assinaturas:

Fonte: Elaborado com base em Pernambuco, 2017.

Nesse exemplo de ficha de edital de artes visuais, o item 1 refere-se à identificação do proponente, que pode ser individual (pessoa física) ou coletiva (coletivos artísticos, sociedade simples, escolas, associações e outras formas de pessoa jurídica). O item 2 contempla os dados de identificação da proposta. É necessário escolher sempre um nome que se encaixe nas normas, que não fira direitos e que represente bem o processo e os resultados esperados. No subitem "Atividade", basta indicar do que se trata o projeto. As demais informações integrarão o item 3, resumo da atividade. Por exemplo, em uma *performance*, deve-se indicar que é uma ação do(s) artista(s) diante do público, o tempo de duração, o número de componentes etc.

Caso o trabalho já tenha sido exposto ou seja uma continuidade de outras atividades expostas e registradas, isso deve ser informado no item 4. O item 5 deve ser preenchido com o nome dos integrantes e suas funções; e o item 6, com os respectivos currículos, dando sempre prioridade às ações mais recentes e mais relevantes. É necessário citar tudo o que já realizou; se não tiver feito nada em afinidade com o projeto proposto, é possível preencher com outras atividades que demonstrem responsabilidade e que tiveram bons resultados, ainda que pessoais.

O item 7 trata do currículo do proponente. Nem sempre o proponente é o artista. Um agente cultural pode ser o proponente que vai gerir a ação de artistas. Em um coletivo, por exemplo, os artistas do coletivo são geridos pelo proponente, que pode ou não ser integrante do grupo. Caso o agente faça parte do grupo, é possível colocar seu currículo pessoal como proponente ou o currículo do coletivo (tudo que o coletivo já realizou de relevante) como pessoa jurídica. Os itens 6, 7 e 8, portanto, devem dar destaque aos êxitos e à experiência – mesmo que não seja experiência em editais.

O valor da proposta – analisaremos isso com mais detalhes adiante – deve ser preenchido com o custo do projeto, tanto os custos de produção, gestão, execução e monitoramento dos resultados quanto o custo de pagamento dos profissionais envolvidos e o ganho do próprio proponente. É importante não esquecer os impostos. No caso de pessoa física, quase sempre serão abatidos aproximadamente 27% do montante repassado, ou seja, se forem repassados R$ 100 mil, R$ 27 mil poderão ser retidos pelo governo, restando apenas R$ 73 mil para executar o projeto – o que pode inviabilizá-lo. Diante disso, os cálculos já devem ser feitos incluindo os impostos. O restante são observações da ficha em relação ao edital de chamada.

Esse formato é muito comum. Por esse motivo, foi escolhido como modelo, atendendo tanto a artistas quanto a gestores culturais e professores. Nessas fichas, os itens mais relevantes são os de identificação da proposta e das atividades. Em alguns casos, são solicitados cronogramas e envio de materiais não textuais para análise, por isso vale a pena ler o edital várias vezes e com calma.

A ficha é sempre um documento vinculado a um edital. Deve-se primeiro ler o edital e, só depois, ler e preencher a ficha. Pode parecer um conselho simples, mas, não raro, as pessoas se cansam já nas primeiras linhas do edital e vão direto para a ficha conferir o que é solicitado – um grande erro. A ansiedade pode ficar para a véspera da realização da atividade aprovada. Ao se candidatar, é importante manter a calma. Sempre que persistirem dúvidas que o edital não sane, é possível entrar em contato com a organização.

3.2 Editais, licitações e suas principais regras

Editais são chamadas. No caso de projetos culturais e de ensino das artes visuais, uma definição completa seria: **edital** é uma publicação de intenções, uma chamada ao público para a escolha da melhor proposta. Empresas, universidades, prefeituras e quase todos os agentes sociais que buscam a iniciativa de terceiros abrem editais. Em artes, em sua grande maioria, os editais têm caráter seletivo, ou seja, alguns são aprovados (selecionados), outros não.

Editais seletivos contam com um limite de vagas por questões materiais. Um museu, um espaço cultural ou uma escola não podem comportar um número maior de trabalhos do que sua capacidade física, por exemplo. Não se pode expor 200 quadros 100 × 100 cm se será utilizada apenas uma parede de 400 × 300 cm. Outra delimitação são os recursos financeiros. Muitos editais, como os de bolsa produção e residência artística, selecionam artistas para receber uma ajuda de custo – uma espécie de bolsa mensal. Esse valor não pode ser ofertado a todos os candidatos, mas apenas a algumas vagas predeterminadas. Isso porque os recursos costumam ser limitados. Tempo (como recurso) e objetivos do edital também limitam as candidaturas e os vencedores.

De onde vieram os editais? Não se sabe exatamente quando os editais surgiram. Na Idade Antiga e na Idade Média, governantes, sacerdotes e outros indivíduos poderosos (integrantes da realeza, reis, nobres, clero e, mais tarde, burgueses e outros aristocratas) criavam pedidos para quem pudesse atendê-los. No Velho Oeste, nos Estados Unidos, os cartazes de "Procura-se, vivo ou morto, por recompensa em ouro" eram também uma forma de edital, em sua concepção de publicação de intenções. Hoje, em nossa sociedade, editais são chamadas com normas e regras rígidas e de natureza pública ou privada, de acordo com a natureza e os objetivos do proponente do edital.

No caso de proponentes públicos, muitos editais são chamadas para **licitações**. As *licitações* são formas de licitar, ou seja, de tornar lícito ao público, quase uma permissão solicitada pelos agentes governamentais ao interesse público, às pessoas comuns. Denominamos *licitar* o ato de publicar uma chamada (edital) em respeito ao interesse público. A Lei n. 8.666, de 21 de junho de 1993, que regulamenta o art. 37, inciso XXI, da Constituição Federal de 1988, institui "normas para licitações e contratos da Administração Pública e dá outras providências" (Brasil, 1993a). O art. 22 da referida lei assim estabelece:

> Art. 22. São modalidades de licitação:
>
> I – concorrência;
>
> II – tomada de preços;
>
> III – convite;
>
> IV – concurso;
>
> V – leilão.

Hoje, em nossa sociedade, editais são chamadas com normas e regras rígidas e de natureza pública ou privada, de acordo com a natureza e os objetivos do proponente do edital.

§ 1º Concorrência é a modalidade de licitação entre quaisquer interessados que, na fase inicial de habilitação preliminar, comprovem possuir os requisitos mínimos de qualificação exigidos no edital para execução de seu objeto.

§ 2º Tomada de preços é a modalidade de licitação entre interessados devidamente cadastrados ou que atenderem a todas as condições exigidas para cadastramento até o terceiro dia anterior à data do recebimento das propostas, observada a necessária qualificação.

§ 3º Convite é a modalidade de licitação entre interessados do ramo pertinente ao seu objeto, cadastrados ou não, escolhidos e convidados em número mínimo de 3 (três) pela unidade administrativa, a qual afixará, em local apropriado, cópia do instrumento convocatório e o estenderá aos demais cadastrados na correspondente especialidade que manifestarem seu interesse com antecedência de até 24 (vinte e quatro) horas da apresentação das propostas.

§ 4º Concurso é a modalidade de licitação entre quaisquer interessados para escolha de trabalho técnico, científico ou artístico, mediante a instituição de prêmios ou remuneração aos vencedores, conforme critérios constantes de edital publicado na imprensa oficial com antecedência mínima de 45 (quarenta e cinco) dias.

§ 5º Leilão é a modalidade de licitação entre quaisquer interessados para a venda de bens móveis inserviveis para a administração ou de produtos legalmente apreendidos ou penhorados [...], a quem oferecer o maior lance, igual ou superior ao da avaliação. (Brasil, 1993a)

Entender essas normas pode ser complicado, uma vez que a teoria, não raro, distancia-se da prática. Para facilitar, tentaremos simplificar o teor da legislação. **Concorrência** é a modalidade de licitação na qual diversos concorrem entre si e será(ão) escolhido(s) aquele(s) que trouxer(em) a(s) melhor(es) oportunidade(s) ao proponente – maiores resultados em menor custo, por exemplo. **Tomada de preços** é a escolha do melhor preço (geralmente o menor). **Convite** é quando se há indivíduo(s) já determinado(s) por ser(em) o(s) único(s) capaz(es) de participar daquela ação (notório saber, posição institucional etc.) e, geralmente, de acordo com cada legislação, indica um valor baixo de custo, diferentemente das demais modalidades. **Concurso** é a escolha da(s) melhor(es) proposta(s), não necessariamente as mais baratas em preço, com premiações ao final. **Leilão** é a venda para quem pagar mais.

Essa observação é muito rasa, mas auxilia o iniciante na compreensão dessas modalidades de licitação. Uma licitação também é uma chamada e, portanto, o edital é parte integrante da realização desse processo. Por esse motivo, é comum encontrar a expressão *edital de licitação pública*. Nas artes e no ensino, as modalidades mais usuais são a concorrência e o concurso. Na concorrência, a ideia (o projeto) concorre com outros por financiamento e parcerias. Nos concursos, ideias já realizadas podem ganhar prêmios, concorrendo com outras também já concretizadas, ou conquistar vagas para exposição.

Agora, examinemos as principais regras de editais da área artística e de ensino. Em primeiro lugar, muitos editais buscam o **ineditismo**. *Ineditismo* significa que as propostas de ensino, de trabalhos artísticos e de ações culturais não podem ter sido executadas tal qual se apresentam em sua candidatura. Caso o trabalho já tenha sido apresentado anteriormente em uma feira, galeria ou até mesmo em outro edital, havendo cláusula de ineditismo, ele não poderá ser submetido, sendo necessário criar algo novo.

Nem sempre os editais exigem ineditismo. Porém, especialmente no caso da produção artística, essa exigência é comum, embora muitos projetos sociais, culturais e de ensino, ao contrário, podem valorizar a experiência – projetos já executados, ainda que em menor dimensão (em sala de aula, por exemplo) tendem a ser valorizados.

Outra regra comum dos editais é a **cessão de direitos**. Trabalhos artísticos, protótipos, ideias (patentes), marcas, materiais e tudo o que for enviado no processo de candidatura ou produzido durante a execução do projeto (caso seja escolhido) passa a ter dono – o proponente do edital. É comum empresas abrirem concursos de novos logotipos e ideias para seus produtos, por exemplo. Muitos jovens artistas enviam suas ideias e, mesmo não ganhando, acabam passando suas ideias para a empresa, que passa a detê-las, conforme descrito no edital. Caso a empresa queira usar essas ideias, é possível que os artistas não recebam nada em troca.

Mesmo que o artista detenha os direitos morais (intelectuais) de seu trabalho, essas cláusulas passam os diretos materiais para a empresa ou o governo. Dessa forma, é importante ler tudo com calma.

Às vezes, até vale a pena abrir mãos desses direitos para ter o trabalho divulgado, mas é necessário tomar cuidado para não cair em armadilhas. Há muitos vencedores de editais que têm de deixar seus trabalhos para o proponente. Artistas que ganham os primeiros lugares em concursos de artes, por exemplo, costumam deixar seus trabalhos vencedores no museu proponente para sempre, como parte do acervo permanente. É assim que os museus criam, em parte, suas coleções de trabalhos famosos ao redor do mundo.

Outra regra, menos usual do que as demais mencionadas, mas também importante e presente em muitos editais, é a **multa**. Com diferentes nomes, a multa estabelece que, se a proposta e as regras do edital não forem cumpridas, pode haver penalidades, desde pagamentos de taxas até sanções públicas ao patrimônio e à liberdade. Pode parecer uma regra pesada, mas ela existe.

Não são poucos os casos de agentes culturais que ganham editais, encontram dificuldades no processo e acabam sendo punidos pelo proponente com base na lei. Um exemplo é o filme *Chatô, o Rei do Brasil*[1], cujo responsável, o ator e diretor Guilherme Fontes, teve dificuldades para finalizar o filme e respondeu publicamente ao governo federal, atrasando a conclusão do longa em 20 anos (1995-2015).

Ao lidar com jovens e crianças, nos **projetos de ensino**, outras questões também são relevantes e quase sempre estão ligadas aos conselhos de ética e pedagogia. Conselhos de ética das escolas, dos governos, das empresas e de muitos agentes que podem se envolver no projeto têm de aprovar a proposta. A depender do projeto, é interessante consultar um conselho de ética mais próximo, a fim de evitar transtornos durante o processo de candidatura ou de execução.

Existem outras regras e cuidados que se deve ter diante de editais e licitações. Por isso, caso decida participar de um edital ou uma licitação, para além deste livro, busque conversar com pessoas que já participaram de editais. Fuja de editais pouco confiáveis e aponte seu esforço para aquilo que você acredita e que sabe – ao final, mesmo com tanto esforço, valerá a pena.

---

1   CHATÔ, o Rei do Brasil. Direção: Guilherme Fontes. Brasil: Milocos Entretenimento, 2015.

3.3 Cotas e contrapartidas: em busca de financiamento

Agora chegamos a um ponto bem relevante – talvez o mais importante em muitos projetos: o que o projeto vai proporcionar a seus financiadores e parceiros. "O que eu ganho com isso?" é uma pergunta muito comum durante a busca por patrocinadores para um projeto. Por mais que o proponente do edital não faça essa pergunta diretamente, ela estará presente no processo de seleção.

Alguns proponentes ficam felizes e satisfeitos em apoiar causas sociais e artísticas simplesmente por seu resultado positivo: uma ação educacional que melhora o ensino de jovens e adultos ou uma mostra de arte que oferece mais possibilidades à sociedade de exercitar seu direito à cultura, por exemplo. Mas, de modo geral, a maioria dos financiadores e patrocinadores não governamentais (empresas, por exemplo) querem algo mais.

Empresas costumam viver de imagem. Tanto as grandes empresas quanto as menores vivem de sua confiabilidade com o público consumidor. De uma grande montadora de automóveis à mercearia de bairro, todas precisam passar confiança a seu público-alvo. É nesse sentido que grandes empresas financiam projetos sociais, de ensino, artísticos e culturais. Esses projetos tendem a melhorar a visibilidade da empresa como um agente socialmente engajado com o desenvolvimento humano. Contudo, são poucos os empresários menores que têm essa consciência.

Donos de mercearias, mercados, postos de gasolina e tantos outros comércios pequenos, principalmente em cidades do interior, não costumam atentar para a propaganda positiva que o auxílio a projetos educativos e culturais pode gerar. Em primeiro lugar, existem legislações (federais, estaduais e municipais) que permitem repassar pagamentos de impostos para iniciativas como essas. Em segundo, o apoio não precisa vir apenas como auxílio financeiro direto. Atitudes como permitir o uso de espaços privados, oferecer materiais da própria empresa e seus canais de divulgação já são um grande auxílio.

Mas, mesmo nesses casos, a pergunta persiste: "O que eu ganho com isso?". A resposta a essa pergunta, além dos resultados do próprio projeto (ganhos sociais e culturais), pode vir em forma de contrapartidas e cotas. *Contrapartidas* são os resultados complementares que o patrocinador/financiador recebe além dos resultados previstos do projeto. *Cotas* são parcelas de participação e diferenciação, muito utilizadas quando existem dois ou mais agentes patrocinadores envolvidos.

As **contrapartidas** podem ter diversas naturezas, que são divididas em:

- **de propriedade** – por exemplo, permitir ao dono da venda ou do mercado local que insira o nome de seu estabelecimento no nome do projeto, atrelando os ganhos do projeto à marca do financiador;
- **de inserções** – por exemplo, colocar a marca do financiador no *site* do projeto, com *link* direto, ou inserir a imagem do financiador em entrevistas, no cenário e em outros espaços de visibilidade;
- **de permissões** – por exemplo, permitir que os funcionários do financiador participem do evento de forma gratuita, que ele use a imagem e outros registros do projeto na divulgação da empresa, como a inserção de pequenos vídeos sobre os benefícios do projeto educacional em campanhas publicitárias;
- **de relacionamento** – por exemplo, oferecer cotas de ingressos e materiais, conexões entre autoridades e personalidades de interesse do financiador envolvido com o projeto e outras formas que unam pessoas, grupos e instituições em torno do projeto, favorecendo os interesses do financiador;
- **de serviços** – quando a própria ação do projeto presta um serviço de interesse do financiador/apoiador, por exemplo, solucionar uma causa comum, como a preservação da produção de artesanato custeada por associações comerciais que dependem do turismo, garantindo mais uma diversificação de renda local;
- **financeiras** – quando trabalhos, ingressos e outros serviços são realizados pelo projeto, o público paga para participar ou comprá-los e a receita gerada é compartilhada com os financiadores/apoiadores – todos saem ganhando; criar eventos para arrecadação de fundos e dividir o lucro com os apoiadores é uma tática bastante comum em pequenos projetos.

Você deve ter percebido que em algumas contrapartidas as **cotas** foram citadas. Elas são muito funcionais quando o projeto conta com dois ou mais apoiadores. No caso de dois apoiadores, algumas vezes, ambos entram com partes iguais de ajuda, 50% cada. Contudo, na grande maioria das vezes, cada apoiador entra com uma parte distinta. Para que ninguém saia se sentindo injustiçado por ter aparecido menos do que acreditava ou ter recebido menos contrapartidas, podem ser utilizadas as cotas de participação.

Classificar os apoiadores em ouro, prata e bronze, usando critérios de quem ajudou mais, por exemplo, é uma forma simples de estabelecer uma cota. Cartões de crédito fazem muito isso com seus clientes: os que gastam mais recebem cartões especiais. Mas como funcionaria isso na prática?

Digamos que, em um projeto, o empresário A financie o espaço e os materiais, o empresário B ajude na divulgação e nas questões jurídicas, e o empresário C auxilie na logística e no transporte. Ao chegar à conclusão de que os três são importantes, mas o empresário A, além do espaço e dos materiais, ainda doou uma quantia para custeios diversos, a inserção do logotipo ou o número doado de ingressos será maior para ele do que para os demais. Essas informações devem constar nos projetos e ser bem explicadas aos apoiadores antes mesmo de eles decidirem participar.

As cotas, além de premiar os que mais auxiliam, incentivam o apoio dos demais que quiserem boa visibilidade. Ao estipular que os apoiadores da categoria ouro serão os que contribuírem com uma quantia mínima de R$ 1.000,00, é possível que muitos queiram ser classificados como ouro para usufruir de maiores contrapartidas.

Essa estratégia de cotas é comum em iniciativas de livros solidários. Autores criam projetos na internet, por exemplo, nos quais abrem uma conta para receber doações e, com elas, finalizar e publicar seus livros. Os doadores de determinados valores recebem números de exemplares distintos e outros

---

Contrapartidas são os resultados complementares que o patrocinador/financiador recebe além dos resultados previstos do projeto. *Cotas* são parcelas de participação e diferenciação, muito utilizadas quando existem dois ou mais agentes patrocinadores envolvidos.

brindes. Essa prática pode ser aplicada em outras iniciativas, e não necessariamente ocorrer via internet – mas a internet hoje é de grande ajuda, tanto nos grandes centros quanto em cidades menores.

A busca por financiamento pode ocorrer por meio de editais públicos, empresariais ou de porta em porta. Além do financiamento público e privado, existem outras formas possíveis. Vejamos.

- **Patrocínio direto** (ação da própria empresa) – É quando uma ação artística, por exemplo, é incorporada nas atividades do financiador. Um exemplo é o Tim Festival, que incorpora a ação de músicos na execução do próprio projeto. Dessa forma, o financiamento é direto, determinado pela própria empresa ou governo em suas atribuições.
- **Patrocínio incentivado** (seleção de projetos de terceiros) – Refere-se àquele de que tratamos em quase todos os casos de editais de incentivo e apoio. É quando o governo ou a empresa selecionam projetos para ser realizados seguindo critérios determinados em edital.
- **Patrocínio solidário** (doações diversas da sociedade) – Acontece quando indivíduos, empresas e grupos sociais repassam quantias para os projetos, ficando seu proponente em situação de autonomia ou cooperação com agentes governamentais pelo interesse público. O exemplo do livro financiado por amigos na internet ilustra bem essa dinâmica.
- **Patrocínio por doação** – Não deve ser confundido com o patrocínio solidário. Nele, indivíduos e empresas doam para um projeto por receber desconto de impostos. É o caso dos financiamentos empresariais às iniciativas culturais da Lei Rouanet. Esse patrocínio se assemelha muito ao patrocínio incentivado e, em muitos casos, eles se mesclam.

Existem ainda as **premiações** (incentivos empresariais ou institucionais de inovação ou implementação de modelos de boas práticas), **incubadoras** (empresas júnior) e os **empréstimos** (como os concedidos pelo Banco Nacional do Desenvolvimento – BNDES). Apesar de não serem chamadas de *patrocínio*, essas são opções que apoiam e financiam a execução de ideias nas artes, na cultura e no ensino.

Além dessas formas de patrocínio, ir de **porta em porta** em busca de apoiadores é um costume internacionalmente aceito. Antes de gastar sola de sapato, no entanto, é necessário identificar aquelas empresas nas quais, de fato, vale a pena bater, ou seja, em que haverá chances reais de implementação do projeto.

É muito importante incentivar os comerciantes e pequenos empresários da região a patrocinar ideias locais relacionadas a artes, cultura e ensino. Essas áreas são muito funcionais para os empresários que buscam melhorar sua visibilidade e a confiança do público consumidor. Para isso, é necessário pensar em boas contrapartidas. Conquistar financiamento depende de capacidade estratégica e criatividade.

A compreensão de que a ajuda quase sempre vem em busca de uma contrapartida para além do resultado social do projeto é importante em sua elaboração. E quando já se conseguiu o financiamento? Abordaremos esse tema na seção a seguir, que trata da gestão financeira e de pessoal. Antes de continuar a leitura, contudo, caso tenha projetos em mente, tente identificar, em sua área de interesse, quais seriam os possíveis patrocinadores. Pense em que contrapartidas você poderia oferecer e se as cotas seriam necessárias. Essa reflexão fará com que perceba melhor a realidade em que está inserido e as oportunidades que o cercam.

3.4 Gestão financeira e de pessoal em um projeto

Esse talvez seja o maior desgaste na execução de projetos. É bem importante dominar alguns dos pontos que serão aqui apresentados, a fim de tentar, ao menos, diminuir os contratempos. Na gestão financeira, o proponente nem sempre é o responsável pelas contas ou lida com os custos. Muitas vezes, pode-se ter ótimas ideias, mas não necessariamente competência ou confiança para lidar com as contas, a logística e a parte burocrática.

Projetos grandes demandam a gestão de uma equipe técnica. Isso significa que, em projetos como grandes mostras, feiras, relações entre instituições de ensino etc., é necessário ter mais do que uma única pessoa à frente das atividades. Em um primeiro momento, é preciso ter a **direção geral do projeto** – quase sempre ocupada pelo proponente –, que toma as principais decisões sobre o rumo do projeto e assume todas as responsabilidades finais de sua realização. Portanto, para ocupar essa posição, é preciso conhecer bem os objetivos e as responsabilidades do projeto.

Logo abaixo da direção geral estão os indivíduos que administram as questões jurídicas, contábeis, logísticas, de comunicação, de recursos humanos e de materiais. O número de posições e de indivíduos depende do tamanho do projeto. Em um projeto grande, é preciso ter uma direção jurídica ou um **advogado** para cuidar dos trâmites legais, como cartoriais, responsabilidades legais, relatórios finais e respostas aos editais. Mas nada impede que essa figura não exista de fato. Em projetos menores, o próprio proponente, com uma leitura cuidadosa de editais ou com consciência de suas responsabilidades (em projetos autônomos, sem editais), já desempenha esse papel.

Grandes fluxos de financiamentos e contabilidades de impostos também exigem um **responsável contábil**. Essa posição ajuda e muito na hora de calcular os custos e manter o controle sobre os gastos. Questões de impostos, troca de câmbio (quando os projetos envolvem mais de uma moeda ou recebem ajuda de agentes estrangeiros), cálculo de pagamentos da equipe e devolução de dinheiro não gasto (muito comum em projetos pequenos e médios) são tratadas por esse profissional. Assim como apontado sobre o corpo jurídico, nada impede que a contabilidade seja feita pelo próprio proponente.

Absorver e centralizar responsabilidades pode parecer um caminho de baratear os custos finais e se tornar mais atraente ao apoio de governos e empresas. Contudo, o barato pode sair caro. É necessário ter cuidado para não se sobrecarregar. A qualidade de gestão do projeto depende da capacidade de seu gestor em delegar funções. Não há obrigatoriedade de contratar advogados ou contadores para um projeto, mas é sempre bom ter alguém dessas áreas que possa auxiliar, ainda que na forma de conselhos.

> A qualidade de gestão do projeto depende da capacidade de seu gestor em delegar funções.

A comunicação, a parte técnica, como informática e de materiais, e de recursos humanos também têm profissionais próprios, que cada projeto demanda de forma específica. Grandes projetos exigem grandes equipes. Pequenos projetos exigem pequenas equipes. Um raciocínio simples, mas do qual muitos não se dão conta na hora de projetar os custos totais para viabilidade da ação.

De modo geral, os custos se dividem em três momentos:

1. **Custos de elaboração** – Envolvem o tempo e os materiais necessários para entregar todos os documentos e conteúdos exigidos pelo projeto ou apresentá-los aos respectivos avaliadores, como diretores de escolas e curadores de museus.

2. **Custos de execução** – Devem ser previstos ainda na etapa de elaboração, contemplando todos os gastos e os investimentos do início da execução até o último dia de monitoramento dos resultados.
3. **Custos de resultados** – Referem-se à observação e à transformação das informações obtidas em recursos para o currículo do proponente e para os apoiadores.

Executar, em âmbito financeiro, envolve pensar que os custos devem ser tratados como investimentos. No que investir para alcançar ou melhorar os resultados da proposta? O primeiro passo é **identificar o câmbio** em que todas as transações vão ocorrer. Se o projeto está previsto para acontecer inteiramente no Brasil e com dinheiro brasileiro, é meio caminho andado. Caso contrário, a cotação dos custos deve sempre ser transferida para a média de valor de uma moeda forte, especialmente do dólar americano. Não se deve usar a cotação do dia, pois a variação é muito alta, mas traçar uma média (cálculo da metade) ou até uma moda (o valor que mais aparece) nos últimos seis a doze meses.

O segundo passo é identificar as **responsabilidades de impostos da pessoa** proponente do projeto. Pessoas físicas pagam aproximadamente 27% de impostos, o que pode mudar de ano para ano. Associações simples, sobretudo de atividades artístico-culturais e de ensino, contam com taxações menores, bem abaixo das aplicadas para pessoas físicas. Por isso, ter uma pessoa jurídica pode ser uma boa solução para diminuir custos e repartir responsabilidades. É necessário calcular todos os impostos ainda na elaboração e conhecer as taxas que incidem sobre toda movimentação ao longo da execução. Uma atitude interessante para sanar essa questão é reservar de 10% a 20% do valor total do projeto apenas para esses pagamentos.

O terceiro passo é observar quanto os envolvidos receberão de pagamento. Os custos de **recursos humanos** são importantes e devem ser investigados também no período de elaboração. É necessário conhecer a base mínima de pagamento de cada categoria profissional e calcular seu pagamento por hora/atividade. Quantas horas cada profissional dispensará durante a semana para a realização do projeto? Haverá trabalho voluntário? Aqui, ressaltamos que o voluntariado não mantém vínculos, e os trabalhadores dessa modalidade podem desistir do projeto a qualquer momento, assim, para cargos muito importantes, é aconselhável criar uma cota de pagamento.

O quarto passo é estimar custos de **materiais e logística**, que compreendem, por exemplo, materiais para confecção de peças artísticas, cadernos e livros usados em sala de aula, ônibus e transportes individuais e coletivos, passagens, contas de aluguéis e diárias de estabelecimentos, emissão de documentos, papel para impressões, cópias, contas de luz e de água e outros gastos necessários para a execução, do início ao fim.

Ao criar um projeto, é preciso ter um **meio de contato**, que pode ser um *e-mail* (gratuito ou pago), um espaço físico para correspondências – escola, ateliê ou residência pessoal – e, em alguns casos, uma equipe de prontidão para comunicação interna e externa. Caso o responsável pelo projeto more sozinho, é interessante não direcionar as correspondências e os contatos para sua residência, pois, em uma emergência, a má comunicação pode agravar situações negativas. Os custos de telefonemas e correspondências também devem estar inclusos nos custos financeiros do projeto, ainda que sejam baixos.

Custos de **divulgação** também entram na conta. Criar artes, materiais, divulgar o projeto em redes sociais patrocinadas e tantas outras possibilidades geram custos. Um simples cartaz de cartolina tem o custo da cartolina, dos materiais para escrever sobre ela e de tempo. O tempo deve sempre ser incluído como um custo. Além disso, alguém precisará escrever, portanto, o material de divulgação e comunicação tem um custo próprio, quase sempre exigindo a participação de outros.

A divulgação boca a boca é muito funcional e talvez ainda seja a melhor forma de divulgar um projeto, mas os registros (fotos, vídeos, chamadas em jornais etc.) também ajudam bastante. Podem ser usadas ferramentas das redes sociais, com a criação de páginas para os projetos e, se necessário, o patrocínio de anúncios para que um maior número de pessoas seja contatado. E se o projeto for pequeno, é necessário tudo isso? Sim. Talvez não na proporção de um projeto maior, mas é importante pensar que tudo que se faz de bom pode ser copiado como uma boa prática por outros, além a oportunidade de compartilhar e receber dicas e ideias de outras pessoas de fora do projeto.

A divulgação é essencial, porque cria redes de trocas e de visibilidade, além de fomentar ganhos e incentivar outros indivíduos a experimentar as próprias ideias. Em alguns casos, a divulgação é a parte mais importante, especialmente quando o objetivo do projeto é buscar ganhos, como uma segunda grande captação de recursos (apresentações, leilões, rifas e mostras pagas). Nesses casos, o projeto recebe apoio de terceiros para sua realização e, em sua execução, o público participa como pagante e uma soma em dinheiro (ou alimentos, brinquedos etc.) é angariada. A elaboração de festas de formatura, por exemplo, não raro passa por projetos de captação de recursos, como rifas, festas e outras ações culturais cobradas do público.

Quando há participação de artistas convidados, pagos ou voluntários, ainda na aprovação do projeto, eles devem assinar termos de comprometimento. Além dos termos, exigidos por muitos editais, há termos aditivos de opções em reserva – isso tudo na fase de submissão do projeto para aprovação. Esses artistas convidados podem gerar um custo de **participação**, ou seja, podem exigir pagamentos (já definidos no projeto) ou passagens, hospedagem e alimentação (no caso dos voluntários). É importante estar atento a esses custos ao elaborar um projeto e convidar participantes.

Custos de **monitoramento dos resultados** e custos **burocráticos** também devem constar na planilha de gastos. É de grande valia sempre ter uma planilha – seja em programas de computador, seja em papel – para organizar todos os indivíduos envolvidos, os custos, os materiais e os fornecedores antes de finalizar a proposta de projeto. Os custos de monitoramento estão presentes na produção de materiais após a realização do projeto e são muito importantes para apresentar os resultados positivos aos apoiadores, garantir os ganhos do projeto e dos apoiadores e compor o currículo profissional.

Relatórios, mostras, palestras, debates, vídeos e reportagens são um bom exemplo de materiais produzidos com base nos resultados, mas para a criação desses materiais é preciso fazer um balanço de todo o processo. Um balanço financeiro dos resultados e de sua finalização e um registro das dificuldades e das oportunidades percebidas ao longo do projeto. Além desses relatórios de autopercepção, há os de custos burocráticos, que, quase sempre, são obrigatórios.

Preencher formulários e relatórios, dar baixa em documentação, fechar planilhas financeiras e outras demandas do governo e dos apoiadores são práticas comuns e que geram custo. Por exemplo, em uma escola, é preciso preencher formulários e relatórios sobre a experiência para arquivamento na diretoria ou no setor responsável. Museus, quase sempre, exigem relatórios das práticas pedagógicas, culturais ou registros da exposição. Impressões, averbações, reconhecimento de firmas e outras atividades que podem ser exigidas na execução dos projetos também entram nesses custos burocráticos.

Mas práticas em sala de aula precisam disso tudo? Não. É importante não confundir prática de ensino, algo comum em nosso dia a dia, com projetos culturais e artísticos. Pequenos projetos de práticas só precisam da boa vontade do professor e da prática de seus alunos. Projetos culturais, artísticos e que vão além da sala de aula já começam a demandar responsabilidades e gestão que exigem um estudo estratégico e uma organização de recursos, pessoal, objetivos, possíveis contratempos e soluções – além do registro e do trabalho voltados aos resultados.

Por fim, é preciso entender que os apoiadores (governos, empresas e outros agentes) podem entrar em três principais categorias nos materiais de divulgação e nos custos burocráticos:

1. **Realização**: Os realizadores são aqueles que criam e executam o projeto, ou seja, o proponente, a escola, o coletivo ou a associação.
2. **Apoio**: Os apoiadores são os que viabilizam sua execução, isto é, os financiadores, as empresas e as instituições que cederam verba, materiais e espaços.
3. **Organização**: Organizadores, quase sempre, são empresas terceirizadas que cuidaram da organização do evento, da mostra, do cerimonial, da divulgação e de outras atividades que não a gestão do projeto em si, mas serviços necessários para que ele se realizasse.

Escolas e museus podem ser organizadores ou apoiadores. Empresas que financiam e patrocinam entram como apoiadores. Empresas, associações de pais e alunos, galerias, hotéis e outros que cuidam dos serviços entram como organizadores. Mas, atenção, caso esses agentes também sejam patrocinadores diretos (colocando dinheiro ou abrindo mão de custos elevados), podem estar entre os apoiadores.

3.5 Projetos não acabam quando terminam: monitoramento de resultados

O projeto foi elaborado, executado e concluído, mas o trabalho não acabou. Isso porque os resultados são muito importantes. Em um projeto educacional, por exemplo, como práticas interescolares ou exposições, após a data do evento, é preciso fazer o balanço. Todos os envolvidos terão algo para contar, inclusive o realizador do projeto.

Após o término do projeto, deve ter início a **coleta de dados**: custos, desafios, oportunidades, comentários, elogios, experiência dos envolvidos, percepções externas etc. Além desses dados, é possível incluir imagens, entrevistas gravadas, todas as possibilidades de registros – antes que passe muito tempo e os contatos se percam.

Além dos registros, é preciso cumprir com as obrigações burocráticas, contrapartidas e monitoramento dos resultados. É um momento tão trabalhoso quanto o da elaboração. É sempre importante, ainda no período da elaboração, deixar um tempo no cronograma oficial para o **monitoramento dos resultados**. Se um evento acaba no dia 05/05, pode-se colocar do dia 06/05 até o dia 25/05 como um período formal de análise e fechamento das atividades, por exemplo. É claro que esse tempo varia, mas não é possível fazer o levantamento apenas em um ou dois dias, mesmo que seja uma prática simples em sala de aula.

Quando um artista expõe seu trabalho em um museu, existem os processos de **desmontagem**, de conversa com os artistas, de internalização do processo e de registro pessoal dos resultados. Esse processo demora, ao menos, uma semana. Claro que se pode desmontar uma exposição em um dia, levar tudo para o ateliê ou para casa e passar a madrugada escrevendo suas experiências e resultados. Mas será que isso é o correto? O tempo de desmontagem depende do espaço expositivo e costuma de fato ser de um a dois dias, mas, ao desmontar a exposição, seus elementos precisarão ser condicionados em outro lugar.

No caso de *performances* e instalações efêmeras, que desaparecem após o ato expositivo, é importante ter registros fotográficos, de áudio, entre outros. Por isso, apesar de o trabalho acabar no dia da exposição, é importante entender que o período de **edição** dos registros também deve fazer parte do projeto. Futuramente, esse tempo fará toda a diferença para o amadurecimento do artista.

Em projetos escolares, como todo dia é dia de aula, as atividades precisam interferir o menos possível na funcionalidade da instituição. Murais, apresentações de teatro e uso de espaços que não interfiram no processo formal de aprendizado dos alunos não exigem uma desmontagem trabalhosa, podendo permanecer por um tempo determinado. Mas quanto tempo? É preciso planejar e detalhar.

Ter controle do **tempo**, indicando a duração da ação, bem como da manutenção de seus resultados no espaço institucional ou público, é fundamental para um bom projeto.

Além dos resultados perante o público ou o espaço, do tempo e da desmontagem, as **contrapartidas** devem ser monitoradas, pois são os resultados paralelos do projeto para os apoiadores. Ao final do projeto, deve-se verificar se todas foram cumpridas, conversando com os apoiadores, levando o material de registro das atividades, demonstrando e valorizando os ganhos e perguntando se as expectativas dos apoiadores foram alcançadas – e, em caso negativo, indagando os motivos.

Algumas contrapartidas são garantidas ao final da execução. Por exemplo, o uso da imagem da ação (em propagandas de escolas, empresas etc.) só poderá ser feito ao término da ação. A publicação de catálogos pode até ser feita de forma prévia às exposições, mas é difícil ter imagens dos espaços da exposição antes de sua realização, e é sempre interessante contar com imagens do público preenchendo os espaços, bem como com as fotos limpas dos trabalhos no espaço final.

Por tudo isso, deve-se manter um período ao final da ação para a conclusão do projeto, garantindo que as contrapartidas sejam atendidas e todos os envolvidos saiam satisfeitos. É importante rever, ainda, se todos os profissionais envolvidos e fornecedores receberam o pagamento correto, além de decidir o que fazer com as sobras de materiais, lixos e outros excedentes. Uma dica é doar tudo o que puder – mantendo também o controle dessa ação – para a reciclagem, para o uso de outros agentes (se existiram brindes, livros etc.) ou fazer o arquivamento devido no espaço responsável.

Em ações educativas, é muito relevante o **compartilhamento das experiências** mediante relatos, congressos, reuniões com pais e outros eventos acadêmicos. Compartilhar as boas práticas é ter consciência social. Saber que o projeto pode auxiliar outras pessoas traz a responsabilidade de compartilhar. Por isso, a divulgação dos resultados é tão importante quanto a realização do projeto.

> Compartilhar as boas práticas é ter consciência social. Saber que o projeto pode auxiliar outras pessoas traz a responsabilidade de compartilhar. Por isso, a divulgação dos resultados é tão importante quanto a realização do projeto.

Esses resultados não devem ser mascarados. Às vezes, por gostar tanto do projeto, pode-se ficar tentado a valorizar o lado positivo. É recomendável não fazer isso e mostrar, com o mesmo peso, os desafios enfrentados e as soluções encontradas. A documentação das dificuldades e dos erros pode auxiliar projetos futuros – seus e de interessados – a evitá-los e até a encontrar soluções por meio do diálogo. Por isso, além de expor a experiência real, é importante estar receptivo às perguntas, aos interesses e às parcerias futuras. Congressos acadêmicos podem ser um bom caminho para essa troca.

Síntese

Neste capítulo, nosso intuito foi, principalmente, auxiliar na organização das ideias para criar projetos artístico-culturais e de ensino das artes visuais em diferentes contextos. Ainda que o objetivo não seja participar de editais, é importante organizar as ideias em uma estrutura formal.

Abordamos a diferenciação entre editais – chamadas – e licitações, os tipos de editais que precisam de legitimação pública, as estratégias de uma boa candidatura e, também, a execução e a gestão de projetos. A escolha de cotas e contrapartidas, por exemplo, é fundamental para garantir o financiamento de empresas e outras entidades que não estão interessadas apenas em ajudar uma causa social, como a educação e a cultura.

Leis de incentivo podem ajudar a captar recursos, mas não garantem que isso ocorrerá, pois depende da capacidade de elaborar boas respostas aos desafios, com baixo custo e com contrapartidas interessantes às partes.

A gestão financeira é outro ponto importante, em que é preciso identificar se haverá alterações cambiais de financiamento e de custos, bem como estimar custos cartoriais, de impostos, de materiais, de registros finais e de pessoal. Além disso, é preciso calcular o custo do trabalho do responsável por hora atividade. O controle de todas essas informações pode demandar a contratação de equipes de profissionais especializados – caso o projeto seja grande, mas, de modo geral, os projetos funcionais e eficientes costumam ser pequenos e contar com o apoio da comunidade e de profissionais do setor. Escolas, museus, centros culturais e outras instituições e associações podem ser o apoio que falta para a realização de uma proposta, é só convencê-los da importância dos resultados positivos para todos.

Indicações culturais

Sites

BNDES – Banco Nacional do Desenvolvimento. **BNDES Fundo Cultural**: apoio ao patrimônio cultural brasileiro. Disponível em: <http://www.bndes.gov.br/wps/portal/site/home/financiamento/produto/bndes-fundo-cultural>. Acesso em: 5 maio 2018.

> Para apoiar projetos de preservação e revitalização do patrimônio cultural brasileiro por meio de seu fundo cultural, o *site* do BNDES expõe, no endereço eletrônico indicado, as diretrizes a serem observadas.

PARANÁ. Secretaria da Educação. **Recursos didáticos**: livros gratuitos. Disponível em: <http://www.educadores.diaadia.pr.gov.br/modules/conteudo/conteudo.php?conteudo=7>. Acesso em: 14 maio 2018.

> O *site* da Secretaria da Educação do Governo do Estado do Paraná oferece recursos didáticos e livros gratuitos que podem ser consultados para as práticas pedagógicas.

SEBRAE – Serviço Brasileiro de Apoio às Micro e Pequenas Empresas. **Projetos culturais**: como elaborar, executar e prestar contas. 11 fev. 2016. Disponível em: <https://www.sebrae.com.br/sites/PortalSebrae/bis/projetos-culturais-como-elaborar-executar-e-prestar-contas,9ec347ae22b7e410VgnVCM1000003b74010aRCRD>. Acesso em: 5 maio 2018.

> O *site* do Sebrae disponibiliza uma cartilha sobre como elaborar projetos culturais. Vale a pena a consulta!

Atividades de autoavaliação

1. Na elaboração de um projeto para candidatura a um edital, é correto afirmar que é preciso ler o edital e formular o projeto:
   a) de acordo com suas regras, respeitando prazos e demonstrando capacidade de gestão.
   b) copiando os que foram aprovados anteriormente.
   c) somente após a aprovação dos selecionados.
   d) com o menor custo possível, mesmo que dificultando sua implementação, pois, depois de aprovado, sempre é viável solicitar mais verba.
   e) com o maior custo possível, mesmo que ultrapassando os limites de financiamento do edital, pois, depois de aprovado, sempre é viável reduzir os custos e devolver o dinheiro não gasto.

2. Sobre a gestão de custos, é importante identificar o valor total do projeto, incluindo sempre, na contagem:
   a) as expectativas dos apoiadores.
   b) os custos de impostos e cartoriais.
   c) os dias de descanso.
   d) o nome do projeto e seus apoiadores.
   e) as possibilidades de projetos futuros.

3. Sobre o monitoramento e o registro dos resultados, é correto afirmar:
   a) Tendem a custar muito mais que a realização do projeto.
   b) Representam um custo desnecessário, visto que o projeto já foi realizado.
   c) Possibilitam referenciais ao portfólio para novas propostas.
   d) São realizados apenas em projetos de ensino, excluídos os culturais.
   e) São concretizados apenas em projetos culturais, excluídos os de ensino.

4. Assinale a alternativa que apresenta a afirmação mais completa sobre cotas e contrapartidas:
    a) *Cotas* são doações financeiras ao projeto; *contrapartidas* são trocas escusas entre patrocinador e proponente.
    b) *Cotas* e *contrapartidas* são a mesma coisa, ou seja, o que o patrocinador deve fazer para participar do projeto elaborado por um agente cultural.
    c) *Cotas* são usadas apenas em projetos de ensino; *contrapartidas* são usadas apenas em projetos artísticos.
    d) *Cotas* são distinções criadas para níveis de patrocinadores; *contrapartidas* são os ganhos diretos dos patrocinadores.
    e) *Cotas* são usadas apenas em projetos artísticos; *contrapartidas* são usadas apenas em projetos de ensino.

5. Sobre a estipulação do cronograma para um projeto, é correto afirmar:
    a) Deve contar a partir da elaboração do projeto para candidatura a um edital, somando-se à organização, à execução e aos resultados.
    b) Não tem uma funcionalidade real, serve apenas para mostrar que o projeto vai cumprir o prazo estipulado pelo edital.
    c) Deve ser feito apenas a partir da aprovação do projeto, pois não se pode prever o futuro.
    d) Deve conter apenas as atividades, excluindo processos de organização de eventos.
    e) Deve prever um período após a finalização das atividades para monitorar os resultados e finalizar os registros.

Atividades de aprendizagem

Questões para reflexão

1. Qual é a importância do cronograma para a gestão de recursos em um projeto?
2. Projetos são feitos apenas para se candidatar a editais de financiamento?

Atividade aplicada: prática

1. Identifique, em sua região, um desafio artístico, cultural ou de ensino. Elabore um projeto simples, contendo título, objetivos, descrição das atividades, custos e cronograma. Escreva um breve texto explicando a importância do projeto para a região.

4

Possibilidades artísticas em diferentes contextos

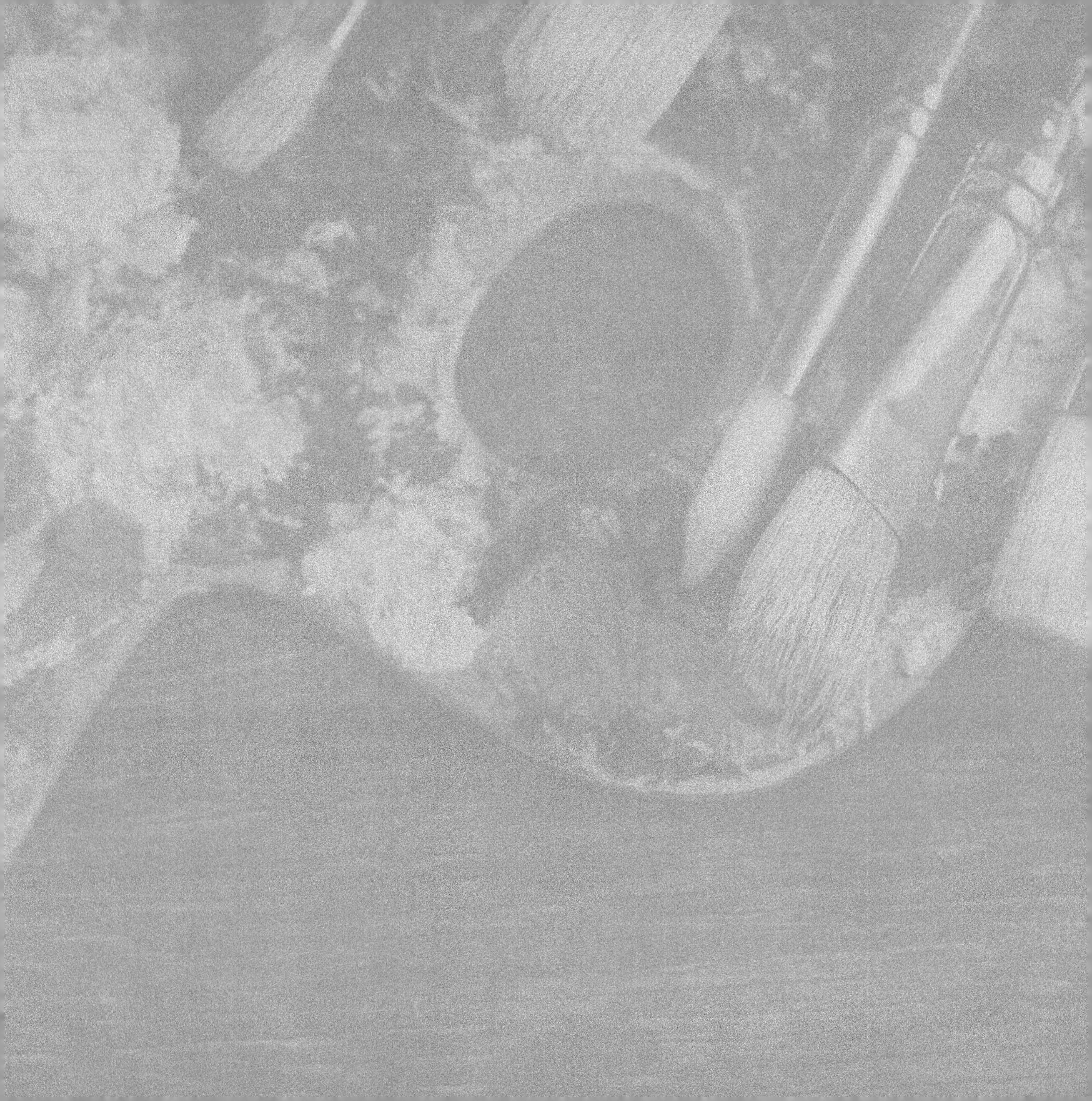

Neste capítulo, trataremos da importância do eixo artístico para a formulação de projetos. Temas como *poéticas visuais*, *coletivos* e *possibilidades artísticas* em diversos cenários, bem como *residência artística* e *ateliês abertos*, demonstram caminhos possíveis para projetos futuros. Esses temas referem-se tanto à autonomia do artista – ao produzir suas obras por meio de projetos – quanto ao acesso às artes por meio de parceria com outros artistas e ateliês. Esse cenário diverso de experimentações torna possível não apenas a produção artística, mas também projetos que englobam outros ramos, como o ensino das artes visuais.

Nosso objetivo é retratar o desenvolvimento poético dos artistas em diferentes contextos. Em iniciativas autônomas ou por coletivos, abordaremos a consciência do artista em sua poética visual, a fim de auxiliar na ampliação da percepção de oportunidades e possibilidades de desenvolvimento da carreira e da sociedade local por meio das artes produzidas.

Portanto, o primeiro momento é dedicado à poética pessoal e como ela pode ser desenvolvida no espaço em que o artista reside. Observar os acontecimentos locais, os recursos, as influências e os diferenciais espaços traz ganhos significativos para a carreira.

Na sequência, discutiremos os coletivos em uma perspectiva de ação em conjunto, quando diversas poéticas devem ser harmonizadas para alcançar trabalhos comuns – algo muito frequente hoje em dia, que reforça os recursos e as potencialidades dos artistas em nossa sociedade. Os coletivos favorecem as trocas e o amadurecimento poético dos artistas integrantes, além de possibilitar maior força para inserção no sistema local das artes.

Ainda, contextualizaremos os espaços para o desenvolvimento poético: rurais e urbanos. Já aludimos a esses contextos anteriormente, mas é importante retornar a esses cenários para aplicar as possibilidades específicas das poéticas visuais. Esses cenários serão tratados tanto sob a perspectiva autônoma do artista quanto sob o viés de possíveis coletivos, de cidades pequenas, de zonas rurais até as periferias e os sistemas dos grandes centros urbanos.

Ao final, apresentaremos as novas práticas, como aberturas de ateliês ao público e residências artísticas: projetos que não se limitam à sua realidade, mas que dela bebem para ser processados. Como uma nova prática dos circuitos ampliados de divulgação e produção artística, os ateliês abertos e as residências artísticas promovem debates sobre o local onde se encontram e se colocam como oportunidades para os desenvolvimentos pessoal, local e social.

Nesse sentido, buscamos despertar motivações e ideias para uma possível profissão artística. Não se limite às considerações aqui encontradas, pois existem muitas outras. Pesquise, investigue, busque possibilidades e crie projetos pessoais e formais para alcançar aquilo em que acredita. Na poética visual, o mais importante é a sensibilidade e o conhecimento de si, dos materiais e de seu público. Tome consciência dos cenários em que se insere e conseguirá bons resultados.

Assim, esperamos que, após a leitura deste capítulo, você compreenda que cada artista tem uma poética visual própria, que deve ser desenvolvida especialmente para aproveitar os recursos e as oportunidades dos contextos locais e da diversidade. Também almejamos que aguce sua capacidade de identificar, estrategicamente, se as iniciativas devem ocorrer de forma autônoma (apenas do proponente) ou por meio de cooperação, como em coletivos artísticos. Ao final, desejamos que você vislumbre oportunidades, a exemplo das residências artísticas – um vasto campo de possibilidades de desenvolvimento pessoal e de respectivos projetos.

4.1 Poéticas: considerações sobre projetos pessoais

Quando nos referimos à poética, logo pensamos em poemas, eufemismos e seus correlatos. Na verdade, todos temos formas muito pessoais de estabelecer relações com o mundo. Tudo o que realizamos deixa sinais pessoais. Para compreender esses rastros, esse jeito particular, é que os estudos em poéticas surgiram.

Todo artista tem sua poética visual, ou seja, sua maneira de fazer as coisas. A poética não é o tema constantemente retratado por um artista ou a técnica que ele usa para esculpir, desenhar ou pintar. É mais do que isso, é a essência que cada artista deve descobrir em si mesmo. E engana-se quem acredita que a poética é algo apenas intuitivo e emocional. Ela também é o processo racional de perceber informações no entorno e transformá-las em inspiração.

O trabalho artístico exige constantemente estratégias racionais no uso dos materiais. Os materiais são finitos e têm limitações. As técnicas, o corpo e todas as linguagens das artes também têm suas potencialidades e limitações. Por isso, a racionalidade é importante, visto que organiza as possibilidades criativas e a interação com a realidade. O olhar e o jeito de fazer de cada um faz parte de sua poética.

Em uma tentativa simplista, é possível definir **poética** como o modo pelo qual cada artista lida com materiais, temas e realidade. Ter consciência de como fazemos arte é um desafio, principalmente porque absorvemos críticas e olhares de terceiros que podem nos incentivar a um distanciamento em relação a nossa ação natural. Não é incomum que artistas considerados grandes promessas artísticas, de repente, caiam em vulgaridades e artificialidades. Isso ocorre, muitas vezes, em razão de uma busca do artista por aceitação e modismos. Pagar as contas é fundamental, mas definir até que ponto se pode chegar compete à consciência de cada um.

> Engana-se quem acredita que a poética é algo apenas intuitivo e emocional. Ela também é o processo racional de perceber informações no entorno e transformá-las em inspiração.

Em outros casos, grandes promessas de artistas que conquistam premiações em bienais famosas desaparecem nas estações seguintes. Às vezes, a explicação é uma falta de consciência da própria poética de um artista que, quase como um jogo de sorte, conseguiu um momento de destaque que nem saberia explicar muito bem.

Quando o artista está envolvido em projetos pessoais e consegue levá-los ao público, deve dominar minimamente as explicações sobre seus processos. É muito frustrante estar diante de trabalhos bons e, ao se deparar com a fala dos artistas, perceber que seu trabalho foi um acaso e que o próprio artista não domina ou não sabe muito bem como se formou o desenvolvimento de sua poética. Claro que existem artistas que não conseguem, por timidez ou outros motivos, falar de seu trabalho com clareza. A esses artistas, um conselho é contar com uma boa assessoria, caso contrário, pode ser difícil conseguir apoio e financiamento.

Para entender um pouco mais sobre o próprio **processo criativo**, o artista deve observar tudo que já fez, até mesmo os erros e os trabalhos desinteressantes, identificando padrões, temas que o atraem, materiais com os quais se sente confortável e o resultado que eles produzem. Deve também atentar desde rabiscos a desenhos e inferir se se desenvolve melhor em planos bidimensionais ou se sua inteligência é mais espacial, se gosta do controle do processo ou do acaso, se o desenho e as formas são mais atraentes do que as cores. O importante é ir se descobrindo, entender que, como artista, escolheu ser uma voz em sua sociedade e em seu contexto.

Também é essencial, no entanto, não cansar o mundo falando apenas de si próprio ou utilizando a arte apenas como um panfleto social. A arte tem uma preocupação final, que é o público. Sem a exposição e o contato com outros, ela não existe. Ao fazer um trabalho – e muitos filósofos já trataram desse tema –, o artista deve se perguntar se vale ou não a pena candidatá-lo a ser visto como objeto de arte.

Para desvendar a própria poética, é necessário entender a dos outros, visitar exposições, mesmo que *on-line*, montar um quadro com trabalhos artísticos que lhe chamem a atenção, observar artesãos, artistas, músicos, marceneiros e outras profissões que materializam formas. As escolhas estéticas que cada um faz para compor o resultado final dizem muito sobre o artista. Por isso, ter um caderno de desenhos, anotações ou ideias pode ser essencial. Ainda que aquele trabalho não se realize naquele momento, sempre é possível voltar a ele no futuro.

Por mais que um artista mude de temas, materiais, cidades e contextos, sua poética será sempre a mesma. Por isso, não é possível afirmar que existem artistas urbanos, rurais, periféricos ou algo do gênero. O cenário de suas iniciativas e de sua vida pode ser um desses, as inspirações podem vir desses espaços e objetos que os cercam, mas a poética é pessoal e se aplica a qualquer conjuntura.

Então, por que falar de poética em **cenários diversos**? Porque os recursos para se destacar estão na diversidade. Trabalhar com vários contextos, que o artista conhece bem, é uma forma de se diferenciar e trazer novos sopros para o sistema das artes como um todo. Artistas dos grandes centros de arte do mundo, como Londres e Paris, são cobrados o tempo inteiro pela história da arte desses locais. Artistas do mundo inteiro se reúnem nesses centros e têm as mesmas influências para suas criações. Por mais que cada um tenha uma poética, os temas e os materiais acabam sendo quase os mesmos, o que pode massificar a produção artístico-cultural contemporânea.

Conhecendo um pouco mais o próprio fazer, a própria poética, o artista pode investir em si e acreditar em seus projetos, participando de editais, dentro e fora de sua região. Caso não existam projetos, pode criar os seus e dar a oportunidade a outros artistas locais de também participar. Não é aconselhável esperar as oportunidades venham até nós quando podemos criá-las. Ao artista cabe materializar as ideias e, consequentemente, ser fonte de oportunidades e inovações sociais.

Entrar em contato com escolas e outros espaços onde a arte é bem-vinda pode ajudar. Caso sejam publicados editais, é importante participar; do contrário, o artista pode expor sua arte em um lugar disponível. Materiais estão em todo o entorno. Podem ser coletados, por exemplo, nas ruas, com responsabilidade para não interferir no meio ambiente nem prejudicar a funcionalidade da própria casa ou ateliê. O essencial é não deixar de criar, mesmo sem recursos é possível se valer de diversas linguagens.

Não é aconselhável esperar as oportunidades venham até nós quando podemos criá-las. Ao artista cabe materializar as ideias e, consequentemente, ser fonte de oportunidades e inovações sociais.

A *land art*, por exemplo, quando usa os recursos da própria natureza, é uma possibilidade. Também é fundamental registrar os trabalhos para compor o portfólio. Se houver necessidade de recursos para pagar as contas, o artista pode buscar oportunidades já mencionadas, como os editais, os patrocínios, as residências e o mercado. Mas tudo isso deve ser feito com consciência da própria poética e fidelidade a si mesmo. Caso você faça da arte a sua profissão, crie rotinas de produção e não se perca no mundo de projetos que nunca se realizarão. Corra atrás de cada realização de projeto e não deixe as oportunidades passarem.

4.2 Coletivos artísticos

A ação individual é muito produtiva por permitir que o artista trabalhe no próprio tempo e com suas ideias. Contudo, a ação coletiva é mais eficaz. A divisão de tarefas e a criação de projetos maiores funcionam bem quando se faz parte de um coletivo. Caso não exista um coletivo na região ou o artista não se identifique com os que existem, é possível criar um com amigos. O projeto de criação de um coletivo é interessante e exige um nome, se possível, um espaço e um registro formal, como sociedade simples artística.

No teatro e na dança, as companhias são muito comuns, assim como as bandas e os grupos na música. Essas formações artísticas também constituem coletivos, ainda que com nomes distintos. Nas artes visuais, o coletivo artístico é a forma mais comum de agrupamento – e a mais eficiente. Em um coletivo, as trocas entre os artistas podem contribuir para o desenvolvimento de sua poética.

Participar de um coletivo não significa que todos vão produzir um único trabalho com o nome do grupo. Na verdade, um coletivo serve como um grupo de reuniões, de produção individual, mas com trocas entre os colegas, e, quase sempre, conta com um ateliê onde os artistas se reúnem para produzir seus trabalhos.

> Nas artes visuais, o coletivo artístico é a forma mais comum de agrupamento – e a mais eficiente. Em um coletivo, as trocas entre os artistas podem contribuir para o desenvolvimento de sua poética.

O próprio convívio entre artistas pode se tornar um turbilhão de novas ideias. O projeto de um coletivo envolve, além da produção em espaço comum, ações públicas e estratégicas para divulgação do trabalho de seus membros. Um coletivo consegue coordenar artistas em prol de uma ação, como a arte urbana, a revitalização de um espaço, a organização de uma exposição de arte e a comercialização dos trabalhos.

Projetos de coletivos também têm custos fiscais (impostos) menores segundo a legislação brasileira, o que favorece sua ação em relação à individual, na qual o custo pode alcançar 27% do orçamento do indivíduo. Além disso, os coletivos podem ter uma identidade própria, quase que como uma empresa, criando uma trajetória na região e levando o nome de apoiadores com maior facilidade em suas iniciativas, dentro e fora dela.

Alguns editais, por exemplo, só permitem a participação de pessoa jurídica – por meio do uso do CNPJ (Cadastro Nacional de Pessoa Jurídica), e não do CPF (Cadastro de Pessoas Físicas). Com um coletivo, as oportunidades de participação em editais são mais numerosas. Assim como as cooperativas de produtores agrícolas, os coletivos artísticos dão força a seus integrantes, tanto em suas carreiras autônomas como em sua parcela em relação ao grupo.

Miranda (2015) mostra, por exemplo, como coletivos artísticos promovem ações conjuntas em prol de uma causa local na cidade de São Paulo. Estudando as pesquisas da autora e artista Joana Zatz Mussi, Miranda (2015) traz uma concepção de **coletivos de coletivos**, ou seja, redes de ações artísticas entre coletivos de um mesmo contexto ou localidade. A pesquisadora traz ainda algumas ideias importantes sobre as iniciativas desses artistas que se mobilizam em grupos na cidade de São Paulo:

> Os quatro grupos (Contrafilé – passando pelo MICO, grupo que deu origem ao Contrafilé – Política do Impossível, Frente 3 de Fevereiro e Grupo de Arte Callejero) analisados no livro realizaram trabalhos em resposta às rebeliões de presídios, mortes de jovens na Febem, Copa do Mundo, comemorações de Brasil 500 anos, greve de professores, ou seja, aspectos de crise da sociedade em geral. Os coletivos partem da própria crise política para fazer política na cidade. Isto se dá em forma de ações artísticas que posteriormente poderão ir, como muitos foram, para exposições em galerias e

museus. Este ciclo, da rua para o museu, tornou-se característico da arte contemporânea atualmente desenvolvida. As intervenções urbanas propostas por grupos de jovens artistas se inseriram, desde que surgiram, em instituições de arte e, assim, vêm contribuindo para mudanças no mundo da arte. (Miranda, 2015, p. 669)

Os coletivos podem criar ações artísticas em torno de temáticas diversas e, com isso, angariar apoio e patrocínio. Coletivos em cidades pequenas podem ter temáticas sobre o patrimônio local, questões ambientais, símbolos regionais e tantas outras possibilidades. Para cada contexto, um coletivo pode ter dois ou mais artistas com sua poética própria criando e desenvolvendo projetos diversos. Entre projetos unificados e autônomos, os coletivos podem fomentar a carreira.

Um coletivo paranaense, por exemplo, espalhou diversos sacos de pipoca doce, conseguidos em uma fábrica de pipocas, pelas portas da cidade de Curitiba em um amanhecer. Por essa ação, o grupo ficou conhecido como *Pipoca Rosa*, e isso favoreceu a carreira dos integrantes em suas jornadas pessoais e profissionais, como a da artista Lilian Gassen[1] e seus estudos da cor. Mesmo não trabalhando mais com pipocas, os artistas do grupo ganharam destaque no cenário artístico em suas carreiras autônomas. Por isso, a criação de um grupo é um projeto muito proveitoso para se inserir no mercado ou inserir as artes em sua localidade.

> Um coletivo é sempre uma via de mão dupla, caso contrário, não funciona.

Em coletivos, é muito comum haver troca de opiniões sobre o trabalho dos colegas, informações sobre editais abertos, possibilidades de exposições locais e externas, bem como apoio logístico para realização de trabalhos, transporte e organização de ações conjuntas e individuais. Mas é importante ressaltar que a ajuda deve ser mútua. Um coletivo é sempre uma via de mão dupla, caso contrário, não funciona.

É muito importante registrar o nome do coletivo, bem como criar uma sociedade simples em cartório para oficializar o grupo e garantir o CNPJ para inscrições. Um presidente, um secretário e um tesoureiro, além de um endereço (que pode ser o ateliê de algum membro)

---

1 Para ver trabalhos da artista e do Pipoca Rosa, acesse o *site* do Museu Virtual (MUVI). Disponível em: <http://muvi.advant.com.br/artistas/l/lilian_gassen/pipoca_rosa.htm>. Acesso em: 2 maio 2018.

são o suficiente. Em cada local, as taxas cartoriais e de manutenção variam. Para a criação de um coletivo, não é necessária a formalização em cartório, mas por motivos de segurança e pelo CNPJ, é sempre recomendado.

4.3 Possibilidades artísticas em zonas rurais

Como já mencionamos, a grande dificuldade em regiões rurais é a distância entre os moradores. Nem sempre é possível reuni-los na cidade mais próxima. A distância física também pode ser acompanhada da distância entre o que se produz em arte (contemporânea) e as expectativas do público sobre o que é arte. Mas ambas têm solução.

A primeira pode ser contornada por projetos de **exposições itinerantes**. Pintura, escultura, artesanato, livros, fotografia, mostras de audiovisual e outras formas de arte podem visitar moradores, escolas, asilos – bastando um carro, canoa ou outro meio de transporte eficaz para a região. Criar um projeto com roteiro de visitas e divulgá-lo previamente é uma maneira de fazer com que indivíduos que nunca foram a um espaço cultural tenham acesso à arte.

Para a distância entre expectativa e arte, podem ser realizados projetos que contem com **produções interativas**, como arte relacional, novos meios que permitam a interação, o toque, a intervenção, os debates e os esclarecimentos com os artistas e outras iniciativas em que a contemplação dê lugar à interação. A curiosidade, a relação humana e o afeto aproximam o público dos trabalhos. A arte contemporânea, na realidade rural brasileira, não deve se impor, mas ser recebida. Narrativas que falam sobre a realidade local também podem ser um bom início para aproximar os moradores desse contexto da arte contemporânea.

No desenvolvimento de poéticas próprias, os artistas podem explorar as **paisagens** em *site specific*, *land art* e outras linguagens. As linguagens tradicionais, como a pintura, o desenho e a modelagem da escultura, também são bem-vindas, mas é preciso uma problematização maior: usar ou não recursos industrializados? Por que não fazer uma oficina de produção de pigmentos com os minerais locais? Projetos de experimentação dos recursos são muito interessantes e podem trazer resultados surpreendentes, tanto do ponto de vista artístico quanto de agentes interessados em apoiar.

Dificilmente projetos com temas urbanos terão uma adaptação fácil ao cenário rural. Pode ser difícil relacionar arte de rua, grafite e outras linguagens típicas dos espaços urbanos com a realidade e os materiais locais. Mas nada impede que essas dificuldades não sejam superadas. Projetos de murais, competições de versos e dança, bem como outras essências das práticas urbanas, podem muito bem ocupar o espaço rural. Mas é necessário se certificar de que a arte produzida dialogará de forma positiva com o público local (outros artistas, professores, alunos, moradores, comerciantes e leis locais).

Segue um exemplo simples de organização de projeto poético, pessoal ou em coletivo. Lembre-se de que é apenas um exemplo e os campos podem variar de acordo com os editais – ou com seus interesses, se for um projeto autônomo, isto é, sem submissão a editais predeterminados, e até mesmo um projeto autônomo pode receber apoio, no velho esquema de ir de porta em porta buscando auxílio.

Exemplo de projeto artístico em zona rural simplificado

- **Título do projeto**: FANTASIA I
- **Tema**: Acesso às artes visuais no campo
- **Proponente**: Coletivo Nós do Campo
- **Objetivos**: Favorecer o acesso de moradores, alunos e profissionais da zona rural às práticas artísticas locais; integrar um circuito de arte local com auxílio da própria comunidade.
- **Descrição da ação**: O presente projeto visa estabelecer um circuito de visitas artísticas na região rural de Quixeramobim. Os artistas do Coletivo Nós do Campo terão trabalhos selecionados para ser transportados entre os vilarejos e as escolas da região. O conteúdo artístico seguirá por carro nas vias rurais e, quando em seu destino, organizados em exposição dialogada com o público. A exposição dialogada será composta dos trabalhos artísticos, panfletos explicativos sobre os trabalhos e atividades recreativas e interativas com o público. As atividades recreativas e interativas serão adaptadas de acordo com a idade dos participantes, compreendendo desde oficinas de técnicas até jogos pedagógicos e discussão sobre a arte local com mediação de um dos artistas integrantes do Coletivo. As visitações às mostras durarão um dia em cada parada, sendo realizadas duas paradas por semana. O prazo total de realização do projeto será de dez semanas – nas oito primeiras, serão realizadas 16 paradas e, nas duas últimas, será realizado o fechamento dos registros e relatórios para arquivamento na biblioteca pública de Quixeramobim. Materiais de registro também serão enviados às escolas da região.

- **Custos**: O custo total do projeto é de R$ 10.000,00, dividido entre os gastos de locomoção e transporte, produção dos trabalhos artísticos, pessoal e material final de registro, além dos custos cartoriais e de impostos.
- **Cronograma**: 1ª a 4ª semana: visitação às regiões oeste, sudoeste e noroeste; 5ª semana: visitação à região sul; 6ª semana: visitação às regiões leste e nordeste; 7ª semana: visitação à região norte; 8ª semana: visita à região sudoeste e vizinhança; 9ª semana: edição dos materiais de registro; 10ª semana: distribuição dos materiais de registro.

Nesse projeto, é possível perceber, de forma simples, a organização dos pontos. Em caso de busca por patrocínio, é necessário estabelecer mais um nicho de contrapartidas, como visto anteriormente. Esse projeto é simples e pode ser feito em qualquer região que conte com artistas disponíveis a participar. Os detalhes de custos também podem ser melhor explicitados, mas, como a variação é muito grande ao longo do país, fica a critério de cada um.

A arte não está apenas nos grandes centros urbanos, ela está onde é convidada a entrar. Os projetos em contextos rurais podem ser tão ricos em experiência para o artista e o público como as visitas a galerias e grandes museus do mundo. O importante é levar sentimentos, reflexões e experiências estéticas que favoreçam e despertem o interesse do público local às artes. Além de gerar um circuito, um público interessado também será produtivo para o surgimento ou o fortalecimento do mercado de artes local. Não podemos gostar do que não conhecemos.

4.4 Possibilidades artísticas em zonas urbano-periféricas

Diferentemente de espaços rurais, os espaços urbanos contam com uma interação maior entre os habitantes em seu cotidiano, no transporte público, no comércio de rua, por exemplo, e em razão da maior densidade de moradores e circulação de capital. Ainda que muitas cidades contem com mais espaços institucionalizados de arte e um mercado já implementado, isso não significa que todos os moradores e todas as manifestações artísticas tenham lugar nesse sistema.

Já tratamos de coletivos que se relacionam em redes em prol de um tema em cidades. Também já mencionamos a arte na periferia, seus desafios e oportunidades. Agora, podemos investigar um pouco mais sobre projetos pessoais e coletivos que valorizem e ressignifiquem o local. Em primeiro lugar, não se deve pensar que o artista deva ir atrás do sistema das artes, adaptando-se ao modismo ou a temáticas distantes de sua realidade. Na periferia ou em grupos identitários distintos em um meio urbano, é preciso compreender o próprio **lugar de fala**.

De onde falamos? Da periferia marginalizada? De um grupo marginalizado? De uma periferia cultural? De uma realidade distante dos sistemas artísticos-culturais? De um grupo de baixa visibilidade na sociedade? Essas questões são importantes para que o artista se entenda como sujeito. Além de entender a própria poética e seu lugar de fala, é importante que entenda as dinâmicas da própria sociedade. As origens das dinâmicas em que ele se insere não necessariamente serão a temática de seu trabalho, mas, sem dúvida, o mundo o reconhecerá por sua origem. Assim, o artista não deve tentar subtraí-la, pois perderia parte de sua identidade.

Projetos em circunstâncias urbanas para um artista ou coletivo de artistas podem tanto explorar os recursos da própria cidade, como muros, asfalto, postes, construções e transportes, quanto trazer a sensibilidade de novos temas e materiais para o dia a dia do local. Desenvolver a própria poética e buscar expô-la, mesmo fora de ambientes institucionalizados, é uma possibilidade interessante. Diversos artistas são conhecidos por seus trabalhos urbanos em espaços não institucionais, como Maria Raquel Bolinho, em Belo Horizonte, que espalhou diversos grafites de bolinhos simpáticos pelos muros da cidade, ou os tricôs nas árvores da artista Marie Castro, na cidade de Santo André, em São Paulo.

Além das intervenções, existem os acontecimentos (ações) e as *performances*. Os **acontecimentos** (ou *happenings*) são iniciativas artísticas que precisam do público participante, sem muito controle sobre seus resultados. Já na ***performance***, o artista sabe o que irá fazer em seu início, meio e fim, mesmo com a participação do público. Em ambos os casos, o espaço urbano é um convite a essas realizações. Movimentos artísticos, como o Fluxus, por George Maciunas, John Cage, Joseph Beuys e outros, ocuparam o espaço urbano com seus acontecimentos coletivos, ao passo que também chamaram a atenção para a produção individual dos artistas e dos temas tratados.

Trocas entre artistas de grupos sociais distintos também são bons projetos. Circuitos de diálogo entre diferentes, montagens de exposição com peças de origens distintas de uma única cidade e catalogação dos artistas locais são outros exemplos mais. Muitas outras possibilidades existem, indo de acordo com a poética de cada artista e os recursos que o meio oferece. Vejamos, a seguir, um exemplo de projeto nesse contexto.

> **Exemplo de projeto artístico em zona urbano-periférica simplificado**
>
> - **Título do projeto**: FANTASIA II
> - **Tema**: *Performance* urbana
> - **Proponente**: (Nome do artista)
> - **Objetivos**: Intervir no espaço urbano; possibilitar uma experiência estética e de ação com o público corriqueiro do local; levar a arte ao cotidiano dos citadinos.
> - **Descrição da ação**: O presente projeto desenvolve-se em cinco *performances* realizadas por mim em cinco estações de ônibus do Distrito Federal, uma a cada dia útil da semana. As *performances* consistem em linguagem corporal e uso de materiais do cotidiano dos passageiros, como malha usada de estofado de ônibus, cartões digitais de passagem e outros.
> - **Custos**: O custo total do projeto é de R$ 400,00, dividido entre os gastos de locomoção e transporte, uso dos materiais e registro.
> - **Cronograma**: O tempo do projeto é de 10 dias, dividido em produção (3 dias), realização (5 dias) e registro (2 dias). Nos três primeiros dias, serão confeccionados os materiais e visitados os locais de *performance*. Durante os 5 dias seguintes, ocorrerão as *performances*, sempre registradas por celular. Nos últimos 2 dias, o material de registro será editado para futuras divulgações.

Vale ressaltar que esse modelo não é rígido; nosso intuito aqui é facilitar a organização das ideias. Para tanto, suprimimos vários detalhes, a fim de que o essencial pudesse ser destacado em sua estruturação. É sempre bom anexar a especificação do processo poético, com o mapa das ações, os croquis e outros materiais que auxiliem na visualização do projeto final. O trabalho artístico que fica apenas em nossa mente não pode ser acessado por outras pessoas. Por isso, quanto maior o detalhamento, melhor para o proponente e para possíveis apoiadores.

Em coletivo, os custos acabam se tornando mínimos, e outros projetos de arrecadação de dinheiro, como bazares de venda de garagem (comércio da produção dos artistas em um único local de evento), podem ajudar. Em espaços urbanos, há diversas regras para uso do espaço público, bem como indivíduos hostis a práticas que saiam do cotidiano do local. Comerciantes, transeuntes, policiais e outros podem interferir no projeto. Por isso, é sempre bom estudar o que se pode fazer no espaço público, como é o funcionamento social do local e quais são os deveres do proponente como cidadão.

4.5 Residências artísticas e ateliês abertos

As residências artísticas e os ateliês abertos são duas práticas que incentivam novas experiências, produções e divulgação das artes. Segundo o *Manual de Residência Artística* da Unicamp (2010):

> Cada programa de residência persegue seus próprios objetivos e tempo de duração. Alguns focam em apenas uma linguagem artística enquanto que outros estimulam todas as disciplinas e, até mesmo, a interação entre elas. Os períodos podem variar de duas semanas a seis meses, tendo, inclusive, os que duram mais de um ano.

Entre os objetivos de uma **residência artística** estão:

» Oferecer um local de pesquisa ou de criação destinado a um ou mais projetos específicos.
» Oferecer insumo para exposição ou evento consagrado às obras criadas durante a permanência do artista na residência.
» Gerar interação com o público. (Unicamp, 2010)

Assim, a residência seria uma oportunidade para o artista receber uma ajuda de custo enquanto produz.

Ao **ofertante** da residência artística, as contrapartidas seriam poder visitar o processo de criação, proporcionar à sociedade local o contato com um novo olhar artístico e gerar vínculos entre novos artistas, locais, públicos e instituições. A maioria das residências artísticas, no entanto, especificam tipos de projetos, temáticas e, às vezes, até materiais e técnicas artísticas. Ainda assim, são uma boa experiência.

O **artista** interessado deve preencher fichas e formulários de candidatura, bem parecidas com os modelos de projetos que apresentamos anteriormente. Título, objetivos, materiais, proposta e resultados de modo geral são exigidos. Outros critérios podem ser considerados, como origem do artista, tempo no cenário artístico, vínculos institucionais etc.

Uma vez escolhido para fazer a residência artística, surge a etapa do **financiamento**, que pode ser concretizado por diversas formas – já estabelecidas em edital. As residências mais simples costumam disponibilizar apenas espaço e materiais, outras incluem passagem e alimentação e até mesmo ajudas de custo gerais, como compra de materiais e lazer. A residência pode ser ofertada por universidades, galerias e até órgãos governamentais, como no caso do Ministério da Cultura com seu edital de Intercâmbio e Difusão Cultural, que transfere um valor para pagamento da viagem, realização da exposição, residência artística, apresentações e outras atividades planejadas.

No Brasil, a Fundação Armando Alvares Penteado (FAAP), de São Paulo, mantém um programa já tradicional de residência artística, com o objetivo de levar alunos de ensino superior (e também médio, mediante autorização da instituição) para visitar os ateliês dos residentes. Com isso, a residência possibilita criar práticas pedagógicas para os alunos, que aprendem um pouco mais sobre poéticas criativas.

Outras instituições que oferecem residência artística são: Fundação Iberê Camargo (Brasil); The Berliner Künstlerprogramm (Alemanha); Museums Quartier (Áustria); Can Serrat Centro de Atividades Artísticas (Espanha); Fundación Valparaíso (Espanha); Helsinki International Artist-in-residence Programme (HIAP – Finlândia); La Cité Internationale Universitaire de Paris (CIUP – França); Programa Le Pavillon, no Palais de Tokyo (França); Centro de Arte Contemporânea (França); Centro de Residência Récollets (França);

Le Fresnoy – Estúdio Nacional de Arte Contemporânea (França); Programa de Pesquisa La Seine, da Escola Superior de Belas Artes de Paris (França); Villa Arson (França); Le Grand Café, Centre d'art contemporain Saint-Nazaire (França); Jan van Eyck Academie (Holanda); Rijksakademie van Beeldende Kunsten (Holanda); Viafarini (Itália); Beds in art (Itália); Art Lab (Itália); Residenza d'artista – workshop di ceramica nell'arte contemporanea (Itália); Centro di Residenza – Centro d'Arte La Loggia (Itália); Civitella Ranieri Center (Itália); Unidee in residence (Itália); Artist Links (Reino Unido); Gasworks Residency Programme (Reino Unido); Triangle Arts Trust (Reino Unido); Royal Court Theatre Residency (Reino Unido); International Artist's Studio Programme (IASPIS – Suécia); The School of the Art Institute of Chicago (EUA); Montalvo Arts Center (EUA); Djerassi Arts Centre (EUA); Atlantic Center for the Arts (EUA); International Studio & Curatorial Program (ISCP – EUA); Banff Centre for the Arts (Canadá); Centre Est Nort Est (Canadá); El Basilisco (Argentina); Lugar a Dudas (Colômbia); Sala de Arte Publico Siqueiros (México); Gertrude Contemporary Art Spaces (Austrália); e Ecole de Sable – Centre International de Danses Traditionnelles et Contemporaines d'Afrique (Senegal).

Segundo o edital da FAAP (2018), os **documentos** para se candidatar seriam: *curriculum vitae* e portfólio do artista; ficha de inscrição (disponível no edital); 1 (uma) fotografia 3 × 4 cm (formato para documentos); cópia do regulamento devidamente preenchido e assinado, rubricado em todas as páginas (disponível no edital); 2 (duas) cartas de recomendação elaboradas e assinadas por profissionais da área.

A ficha de inscrição solicita dados pessoais, como nome, endereço e contato, além de indicação de formação acadêmica e objetivos gerais da poética artística. De modo geral, essas são exigências para candidaturas à residência artística. Em alguns casos, no entanto, é possível que exijam uma ficha com os objetivos do projeto a ser desenvolvido. Nessa hipótese, as fichas já contempladas nesta obra poderão ajudar, sendo necessário apenas detalhar um pouco mais as informações.

Além de participar, é possível também criar residências artísticas em sua região. Trazer artistas para a região, urbana ou rural, sempre vale a pena. Projetos para trocas de residências artísticas, em que um artista fica na casa do outro e vice-versa, também são uma possibilidade interessante.

Se viajar ou se ausentar por determinados períodos não for uma boa opção de projeto profissional, existem os **ateliês abertos**. Abrir o próprio ateliê para visitas guiadas pode render bons frutos.

Mas isso não significa simplesmente permitir que pessoas adentrem seu espaço; a ação demanda um planejamento para que exista uma orientação sobre as práticas e ações que o artista pode realizar ali. É interessante deixar espaço para práticas e experimentações dos visitantes. Entre esses visitantes podem estar outros artistas e agentes culturais, que podem ajudar o artista a pensar seu trabalho, ou as novas gerações, como estudantes em formação.

Ateliês abertos movimentam novos circuitos de exposição e de mercado dos trabalhos, sem precisar de locais tradicionais, como galerias e museus. Qualquer lugar pode ser um ateliê aberto ou receber projetos de vendas coletivas, saraus e círculos de conversa. Os ateliês abertos, hoje, tornaram-se um grande nicho de relacionamento e formação de vínculos entre artistas e público. Quase sempre com pequenos "comes e bebes", que podem até mesmo ser vendidos nesses eventos, os artistas podem expor seu trabalho sem grande formalismo ou preocupações de logística e curadorias.

Claro que quem busca receber convidados deve arrumar a casa e evitar objetos que possam ser perigosos no caminho do público ou que dificultem a acessibilidade. Também é necessário ter cuidado com a segurança de peças e pertences e com a legislação a respeito de capacidade de pessoas, barulho e vizinhança. Projetos de ateliês abertos quase sempre seguem circuitos, como do Edifício Tijucas, no centro de Curitiba, Paraná, onde acontece o Tijucão Cultural, no qual os diversos ateliês ali presentes abrem suas portas, mesmo dividindo espaço com residências, alfaiatarias e escritórios de advocacia.

Exemplo de projeto de ateliês abertos

- **Título do projeto:** FANTASIA III
- **Tema:** Cidade aberta
- **Proponente:** Artistas da Zona Central, representados por (nome do artista)
- **Objetivos:** Favorecer o acesso de moradores, alunos, profissionais e turistas da região central da cidade às práticas artísticas locais; integrar um circuito de arte local por meio dos ateliês dos artistas; estabelecer mostras, atividades e comércio de artes.

- **Descrição da ação**: O presente projeto visa estabelecer um circuito de visitas artísticas aos ateliês participantes da região central da cidade de Palmas. Durante um final de semana, os ateliês estarão abertos para visitação, bem como para a realização de atividades programadas e divulgadas previamente nas redes sociais e na agenda da Secretaria Municipal de Cultura e Turismo. O projeto conta com oito ateliês de diversas linguagens artísticas e artesanais. O horário de visitação é das 10 h às 18 h, no último final de semana do mês de novembro. Todos os ateliês abertos estarão listados em nossa página na rede social e contarão com um selo comum de desconto para compras durante o evento. Da arrecadação do lucro por venda, 5% serão convertidos para o fundo local de artistas e artesãos.
- **Custos**: O custo total do projeto é de R$ 1.000,00, dividido entre os gastos de criação de arte, materiais, unificação do sistema de venda nos dois dias, além de custos cartoriais e de registro.
- **Cronograma**: O projeto será desenvolvido ao longo de 7 dias: 2 dias para organização dos ateliês e unificação dos sistemas de venda; 2 dias (o sábado e o domingo) para a realização das visitas; 3 dias para o fechamento e a edição dos registros.

Esse exemplo pode ser executado independentemente do número de ateliês, até mesmo se houver apenas um. Além disso, é interessante criar circuitos culturais com atividades diversas, para além da simples abertura à visitação. Para incentivar a visita do público, *performances*, saraus, leituras e interpretações cênicas de trechos dramatúrgicos, competições de versos etc. podem movimentar a dinâmica do circuito. Feiras gastronômicas e épocas de festivais locais também podem contribuir, especialmente se os eventos forem em turnos distintos: projeto dos ateliês durante o dia e festival durante a noite, por exemplo.

De modo geral, é importante saber que as iniciativas, individuais ou coletivas, precisam de uma **organização estratégica**, e os projetos, em seus formatos segmentados, podem ajudar. Mesmo em contextos que podem parecer vazios de iniciativas prévias, nada impede que sejam realizados. Custos podem ser compartilhados. Apoio também pode vir de mutirões, voluntariado e doações coletivas. O importante é não desistir da carreira e dos projetos e contribuir, à própria maneira, com o direito à cultura na região.

Síntese

O objetivo principal deste capítulo foi mostrar que o artista precisa dominar e conhecer minimamente sua poética visual para ter bons projetos artísticos. Conhecer a produção, os interesses, as capacidades e as possibilidades é fundamental para iniciar a carreira artística com mais segurança. As ações artísticas podem ocorrer de forma autônoma ou por coletivos.

Os coletivos artísticos diminuem custos, aumentam as trocas de ideias e facilitam a realização de projetos pelo apoio de diversos artistas envolvidos. Quase sempre é necessário que o coletivo artístico seja registrado como uma associação simples de práticas artísticas e culturais, em razão da exigência de alguns editais, que solicitam CNPJ em inscrições de candidatura de projetos.

Integrar um coletivo registrado também facilita na diminuição de pagamento de impostos, visto que projetos autônomos, como pessoa física, podem gerar custos de aproximadamente 27% do valor total atribuído – apenas com impostos. Em coletivos, esse valor cai significativamente, ficando abaixo dos 20%. Esses percentuais não são fixos e podem variar a qualquer momento. Por isso, é importante estar atento às cobranças da região.

Também mencionamos a oportunidade das residências artísticas, para o contato com outras realidades socioculturais. Além da residência artística, a abertura de ateliês e os circuitos de artistas podem favorecer a vida artística e cultural de uma região, bem como fomentar o mercado das artes e sua profissionalização. Caso tenha escolhido seguir profissionalmente pelas artes, esteja sempre atento às oportunidades e não espere convites – faça acontecer.

Indicações culturais

Sites

HERCULANO, M. Gestão de carreira nas artes visuais. **Cultura e mercado**, 12 mar. 2015. Disponível em: <http://www.culturaemercado.com.br/site/entrevistas/gestao-de-carreira-nas-artes-visuais/>. Acesso em: 14 maio 2018.

> Confira o conteúdo da iniciativa Cultura e Mercado, que trata de temas como a gestão da carreira do artista visual.

INSTITUTO INHOTIM. Disponível em: <https://www.google.com/culturalinstitute/beta/partner/inhotim?hl=pt-br>. Acesso em: 3 maio 2018.

> Faça um *tour* virtual pelo Instituito Inhotim.

POÉTICAS VISUAIS. Disponível em: <http://www.poeticasvisuais.com.br/>. Acesso em: 3 maio 2018.

> Leia revistas acadêmicas sobre poéticas visuais, como a revista *Poéticas Visuais*, da Universidade Estadual Paulista (Unesp), que lança números novos periodicamente.

Atividades de autoavaliação

1. Para o contexto das artes visuais, a poética do artista constitui:
   a) algo que se perdeu quando o artista deixou de favorecer o belo como resultado estético.
   b) a subjetividade do público diante dos trabalhos de arte contemporânea.
   c) o eu lírico encontrado em poemas tradicionais, como no academicismo.
   d) os poemas que o artista gosta de recitar antes de iniciar trabalhos artísticos.
   e) a forma como o artista faz seu trabalho, podendo ser considerada a assinatura do artista.

2. Sobre a poética do artista, é possível afirmar:
   a) É uma opção do artista de retratar apenas temas não agressivos.
   b) Surge apenas quando o artista encontra temas e materiais pertinentes.
   c) Muda gradualmente, à medida que o artista vai amadurecendo.
   d) Apesar de se desenvolver com o tempo, mantém-se a mesma.
   e) Muda constantemente, a cada novo trabalho do artista.

3. Sobre coletivos artísticos, é correto afirmar:
   a) São grupos formados por artistas que se apoiam apenas em ações individuais de seus integrantes.
   b) São grupos formados por artistas que se apoiam apenas em ações coletivas.
   c) São grupos formados por artistas que se apoiam em ações coletivas e individuais de seus integrantes.
   d) São instalações minimalistas de objetos similares e industriais que formam uma composição espacial inédita.
   e) São trabalhos artísticos de *assemblage*, ou seja, de união de diversos materiais e linguagens.

4. Assinale a alternativa que apresenta a melhor definição de *residência artística*:
   a) Aposentadoria dos profissionais das artes e cultura prevista na Lei Federal n. 12.870/1993.
   b) Projeto artístico em troca de residência e bolsa-auxílio, quase sempre definida por edital de seleção.
   c) Cotas para universitários de minorias sociais que passam em universidades públicas em cursos de graduação em Artes Visuais.
   d) Criação de bienais e circuitos de exposições em museus e galerias de artistas consagrados internacionalmente.
   e) Aluguel que um artista paga para utilizar o ateliê de outro artista.

5. Sobre as novas práticas artísticas, assinale a alternativa que melhor define o circuito de ateliê aberto:
   a) Como evento, conta com a abertura dos ateliês de artistas participantes para a visitação pública e, em muitos casos, comercialização dos trabalhos.
   b) Opção do artista de trabalhar em espaço aberto, como no campo, em montanhas ou na praia, sem se fechar entre quatro paredes.
   c) Não há um ateliê físico, dedicando-se apenas a *land art* e *site specific* como linguagens contemporâneas.
   d) Criação de ateliês comunitários, que qualquer artista interessado pode usar, desde que com responsabilidade.
   e) Nenhuma das alternativas anteriores está correta.

Atividades de aprendizagem

Questões para reflexão

1. Qual é a importância do autoconhecimento do artista, especialmente em relação à sua poética visual?
2. Como aproveitar as novas práticas artísticas profissionais, como a residência artística, para desenvolver sua poética visual?

Atividade aplicada: prática

1. Identifique um edital de residência artística. Elabore um projeto simples para a candidatura ao edital. Considerando a hipótese de seu projeto ser aprovado, escreva um breve texto expondo as eventuais dificuldades de realização, bem como as potencialidades de seu projeto.

5

Possibilidades culturais em diferentes contextos

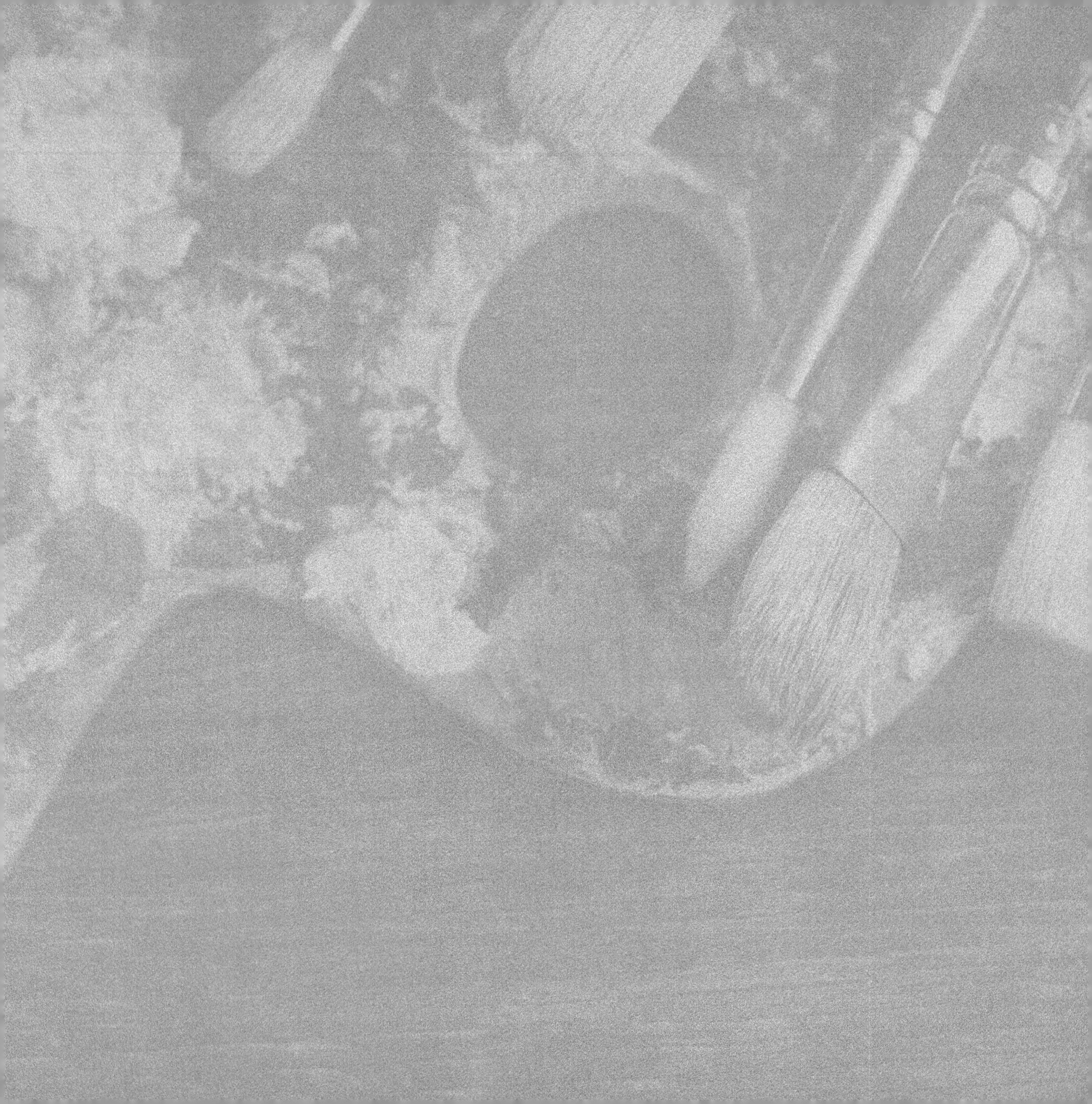

Neste capítulo, trataremos de três temas principais: sistema institucional cultural e circuito ampliado; projetos culturais; e iniciativas diante de desafios socioculturais. Os dois primeiros são uma tentativa de expor as principais ideias e o funcionamento do sistema institucional diante de projetos culturais.

O enfoque maior residirá na forma como a cultura pode ser inserida em práticas de projetos nas atuais dinâmicas entre artes e ensino no Brasil, ressaltando que, para cada desafio, existe uma oportunidade, basta planejamento e ação. O objetivo é compreender que projetos culturais podem implementar o acesso à cultura – como um direito –, bem como contribuir para a solução de desafios reais da sociedade.

Para além de projetos pessoais, os projetos culturais englobam práticas mais difusas e de múltiplas ações. Diferentemente dos projetos de poéticas visuais de artistas, os projetos culturais buscam iniciativas mais amplas, envolvendo espaços, atividades, resgates e processos de identificação e pertencimento. As atividades culturais exigem, contudo, um olhar mais amplo sobre necessidades e possibilidades da comunidade.

Quais as necessidades culturais de sua região? Quais as dificuldades ou o que poderia melhorar para o acesso à cultura e o cumprimento do direito à cultura? Quais agentes institucionais promovem a cultura na região e quais outras maneiras não institucionais poderiam ser implementadas? Há questões identitárias, grupos étnicos, acervos materiais e imateriais a serem preservados e divulgados? São muitas questões que perpassam as possibilidades culturais em diferentes contextos. Mais uma vez, a capacidade crítica do proponente sobre a realidade local definirá os projetos mais emergentes, viáveis e de interesse.

As possibilidades culturais não se limitam apenas às artes visuais. Música, dança, gastronomia, festividades, patrimônio, religiosidades, artesanato e tantas outras manifestações humanas, como defende a Organização das Nações Unidas para a Educação, a Ciência e a Cultura (Unesco), podem integrar projetos culturais locais. A valorização do local, contudo, não se apresenta no sentido de hipervalorização do local em detrimento do outro, do externo. A diversidade cultural é um bem e um ganho para toda comunidade (Unesco, 2018). Por isso, é preciso combater práticas de xenofobia, preconceito e perseguições culturais. Projetos que defendam o direito à cultura de minorias sociais são importantes.

> A diversidade cultural é um bem e um ganho para toda comunidade. Por isso, é preciso combater práticas de xenofobia, preconceito e perseguições culturais. Projetos que defendam o direito à cultura de minorias sociais são importantes.

A integração entre grupos sociais distintos, como o acolhimento e o apoio à celebração de festividades de minorias – que sozinhas não conseguiriam apoio local – é uma possibilidade cada vez mais demandada em nossa sociedade. Um imigrante apenas pode ter dificuldades de celebrar e manifestar sua cultura em coletivo, mas com apoio, pode integrar-se às festividades locais da mesma forma que pode receber voluntários e participantes para as festividades de sua cultura. Imagine celebrar uma data comemorativa sozinho? Estar atento a essas oportunidades e ter sensibilidade em relação a culturas que não a própria é fundamental.

A criação de centros culturais, ou sua revitalização, é um nicho muito comum em projetos culturais em contextos diversos. Criar um espaço para as iniciativas da comunidade, um centro de memória da colonização local ou valorização da cultura nativa, como recanto do patrimônio material e imaterial, é comum. Espaços institucionais podem oferecer certa confiabilidade para o conteúdo proposto. Pequenos museus, centros de artes e danças típicas, por exemplo, favorecem novas pesquisas e projetos culturais em cada região.

Além desses espaços institucionais, são viáveis as iniciativas que tratam a cultura como uma esfera mais dispersa em nossa sociedade. Celebrações que envolvam a cidade, festivais de música, mostras de cinema, teatro de rua, cultura das ruas e dos jovens, produção de documentários, séries fotográficas e outros registros do local podem não demandar espaços institucionalizados. Por isso, o presente capítulo contempla o sistema institucional local, os novos espaços expositivos, os festivais, o resgate da memória e as questões socioculturais.

Com esse conteúdo, nosso intuito é ampliar os horizontes quanto às possibilidades locais e, ao mesmo tempo, defender uma difusão da ideia de diversidade cultural. Com baixa diversidade cultural, poucos projetos tendem a ser demandados. É fundamental valorizar a cultura local e dar espaço para que novas possam ser celebradas.

Após o estudo deste capítulo, esperamos que você se torne mais capacitado para identificar algumas possibilidades dentro e fora do sistema institucional cultural tradicional. Você também poderá diferenciar áreas e conjugá-las em projetos, como nas possibilidades do audiovisual, da literatura, do patrimônio e de outras áreas de nossa cultura. Por fim, ao incentivar o debate crítico de questões sociais e culturais, buscamos desenvolver sua capacidade de compreender melhor, dentro e fora da sala de aula, as questões culturais em temas como *gênero*, *minorias sociais*, *imigrantes* e *questões fronteiriças*.

5.1 Sistema institucional local para cultura

O sistema institucional local é dividido em três esferas de responsabilidades e práticas:

1. instituições governamentais burocráticas;
2. instituições de ações culturais;
3. instituições apoiadoras das ações culturais.

As instituições **governamentais burocráticas** são as secretarias de cultura, turismo e áreas afins nas esferas municipal, estadual e federal. São elas que cuidam da parte legal da execução de políticas públicas, como as leis de incentivo culturais e a fiscalização do cumprimento do direito à cultura.

As instituições governamentais, contudo, não formulam as práticas culturais sozinhas. É preciso lembrar que, em nosso país, a sociedade civil tem um papel muito importante na identificação das demandas culturais. Por isso, projetos como os da Lei Rouanet são necessários. Depende também da iniciativa da sociedade a demanda por políticas públicas e financiamento de práticas em determinadas manifestações culturais, como música, teatro, artes visuais e patrimônio.

Essa participação pode ser direta, quando representantes de associações de artistas, personalidades da cultura e outros agentes culturais se fazem presentes nos debates e processos legislativos e em petições e coleta de assinaturas aos Poderes Legislativo e Executivo. Nessa dinâmica, por exemplo, existe uma orientação para os gastos da verba fixa de investimentos culturais. Por norma, todos os governos (municipal, estadual e federal) devem reservar uma parcela da arrecadação financeira para o investimento exclusivo em iniciativas culturais.

É por isso que as audiências públicas e a participação e o monitoramento constantes dos processos legislativos e executivos são tão importantes. Caso não haja essa participação, o Poder Público fica sem saber muito bem em que investir e pode até devolver as verbas às esferas superiores, sem tê-las aplicado. Nessa situação, quem sai perdendo é toda a comunidade. Por isso, é fundamental ajudar a orientar os gastos públicos com participações, demandando variedade de iniciativas.

É melhor a diversidade com baixos custos do que um ou dois grandes projetos locais que consumam quase toda a verba, como ocorre em apresentações de artistas externos em *shows* de férias. É necessário buscar um equilíbrio nos gastos públicos para que todos tenham oportunidade e que especialmente a cultura local tenha oportunidades garantidas.

As instituições **de ações culturais** são aquelas que executam as práticas culturais e a maioria dos projetos públicos, além de apoiarem muitas das iniciativas de projetos pessoais. Museus, espaços culturais, teatros, galerias privadas e centros de artes são exemplos dessas instituições – peças importantes para a realização de projetos culturais, uma vez que têm experiência, público cativo, espaço físico e estrutura para receber a maioria das ações planejadas pelos agentes culturais.

Quase sempre essas são as instituições identificadas como o centro do sistema institucional local para a cultura. Elas centralizam as principais atividades culturais locais – ou, ao menos, as de maior visibilidade e participação – e lidam diretamente com as instituições governamentais burocráticas. Além disso, são agentes políticos que podem determinar muito da cultura local, possibilitando a diversidade, mas também mantendo o predomínio de agendas de poucos grupos sociais ou valores.

Exemplos negativos dessa situação são centros culturais que apenas recebem apresentações de danças típicas de colonos de origem europeia e não abrem espaço para danças afro-brasileiras, indígenas e asiáticas. Argumentos de que o centro foi construído pela cultura colonizadora não são válidos quando sua manutenção recebe verbas públicas. É evidente que não devemos buscar disputa ou sobreposições culturais, mas é preciso que, em uma cidade, todas as culturas estejam respaldadas nas práticas públicas. Portanto, o recomendado é propor projetos de iniciativa cultural das culturas pouco representadas e que demandem ação equivalente e proporcional das instituições públicas. O favorecimento de agendas culturais de determinados grupos, mesmo que em maioria no Legislativo ou no Executivo, é crime constitucional federal.

Exemplos positivos dessas instituições estão por toda parte. Um deles são as ações interinstitucionais, como bienais e mostras de arte realizados em locais de múltiplas instituições, como a Bienal de Curitiba ou o Festival Internacional de Harpas do Rio de Janeiro, que ocupam tanto espaços institucionais da cultura quanto estações de metrô, praças e outros espaços menos tradicionais.

E quando a localidade conta com poucas ou nenhuma instituição cultural próxima? Por mais que a cidade só tenha um espaço cultural institucional, nem sempre este é acessível logisticamente a todos da região. Em municípios maiores territorialmente, muitas comunidades ficam distantes dos centros, assim como uma festividade, por exemplo, pode não ser viável em um espaço institucional feito para preservar bens materiais, como fotografias e a memória da cidade.

Nesse caso, é preciso pensar na terceira esfera institucional da cultura: as instituições **apoiadoras da cultura**. Escolas, universidades, templos religiosos, clubes desportivos e outros espaços que permitem práticas culturais em seu interior se tornam instituições apoiadoras da cultura, algo muito comum em regiões mais afastadas, com baixo ou nenhum nível de institucionalização.

Em primeiro lugar estão as escolas, as universidades e os espaços educacionais. Ainda que tenham limitações físicas e de normas – como não permitir o consumo de bebidas alcóolicas em aberturas de exposição, festivais e celebrações –, são muito úteis na ausência de espaços tradicionais. Quase sempre escolas e universidades têm pequenos auditórios, teatros, bibliotecas, quadras esportivas, pátios e áreas abertas, além de salas e estruturas de cantinas. Esses elementos, com um pouco de criatividade, suportam a maioria dos projetos culturais que um museu ou um centro de danças e teatro suportariam.

Clubes privados desportivos, como clubes de futebol, tênis e outros esportes, também contam com infraestrutura para atender ao público com segurança. Por que não organizar festivais, exposições concursos e semanas de leitura em um clube desportivo? Além disso, o esporte também é cultura, e muitos projetos culturais podem aproximar as artes das práticas esportivas.

Ainda que a região esteja fora do sistema institucional cultural e não conte com o apoio de escolas e espaços paralelos, é possível buscar as ruas, as praças, o campo, a praia, os parques, entre outros locais. Com organização, responsabilidade, alvarás e permissões necessárias, todo espaço é espaço de práticas culturais. Até o espaço virtual, como as redes sociais, pode ser um fomentador da cultura.

> Com organização, responsabilidade, alvarás e permissões necessárias, todo espaço é espaço de práticas culturais. Até o espaço virtual, como as redes sociais, pode ser um fomentador da cultura.

A relevância dos sistemas institucionais culturais reside em facilitar o direito à cultura. Contudo, em regiões que não contam com tais espaços, podemos usar a criatividade. Nem sempre é possível contar com instituições governamentais ou com o apoio de instituições privadas, mas pode-se contar com o apoio da comunidade. Basta mostrar, da melhor forma, os resultados positivos do projeto para surgir indivíduos interessados em ajudar e participar. É preciso apenas adaptar os projetos culturais aos recursos e às limitações da região, sem nunca limitar, contudo, a capacidade de ação. Buscar em práticas similares já realizadas um apoio na hora de promover um projeto pode ser bastante eficaz.

5.2 Possibilidades em audiovisual

Em alguns momentos deste livro, já tratamos dos novos espaços expositivos e, consequentemente, da ampliação do circuito curatorial. Nesta seção, vamos abordar as possibilidades relacionadas às atividades do audiovisual em circuitos como a internet e as mostras de cinema. Hoje existem diversos canais de vídeos – os chamados *vlogs* – que contam com a produção de materiais de indivíduos comuns sobre temas diversos. Também se verifica que o crescimento do cinema independente, de curtas e de documentários aqueceu as mostras em cidades fora dos grandes eixos metropolitanos do país.

A produção autônoma de material audiovisual – vídeos, documentários, reportagens, registros etc. – é uma importante dinâmica cultural e, consequentemente, de oportunidades. O agente cultural deve relacionar proposta, custo e benefício. Entre as possibilidades em audiovisual estão:

- criação de documentários sobre questões culturais locais;
- registro de atividades culturais;
- produção de pequenas séries;
- diários pessoais (*vlogs*);
- produção de curtas, médias e até longas-metragens.

A divulgação da cidade ou de festividades em audiovisual também recebe, quase sempre, apoio institucional das secretarias de turismo, de cultura e de outros órgãos interessados. A Agência Nacional do Cinema (Ancine), por exemplo, é um órgão apoiador e orientador de muitas práticas culturais nesse campo. O registro de atividades festivas que se inserem no patrimônio imaterial também é um nicho interessante para projetos em audiovisual, uma vez que, para além da própria prática, é um dos únicos meios de preservar essas atividades. A Ancine, seja em novos filmes, seja no registro documental desses eventos, também pode contribuir com orientações e até direcionamentos de financiamento em editais.

Em grandes cidades, existem museus da imagem e do som. Em cidades menores, contudo, os equipamentos interativos necessários para isso são de difícil acesso. Por isso, a internet vem se tornando um meio de registro e de acesso muito utilizado. *Sites* próprios ou de terceiros e redes sociais de audiovisual garantem muitas iniciativas que podem, a depender do processo, resultar até mesmo em ganhos financeiros.

Um exemplo de uso dessas redes de audiovisual é a iniciativa dos jovens da cidade de Mossoró, no Rio Grande do Norte, que criaram o canal Keké Isso na TV. Inicialmente, eles produziram uma novela popular chamada *Foi sem querer* (2011), disponibilizada no YouTube. O sucesso da trama foi tanto que fomentou a produção de mais material sobre a cultura local. Com humor, a produção alcançou patrocínios indiretos por meio do YouTube.

Outro exemplo é o Festival de Gramado (Festival de Cinema Brasileiro e Latino), que hoje é grande, mas que no início, nos anos 1970, não era assim. Ainda hoje a cidade de Gramado, no Rio Grande do Sul, conta com uma população baixa – aproximadamente 35 mil habitantes (IBGE, 2017) – se comparada às cidades brasileiras e mundiais que estão inseridas no circuito de cinema. O festival surgiu como uma pequena mostra na Festa das Hortênsias (1969-1971). Com os bons resultados do turismo, uma mobilização local fez com que instituições governamentais expandissem o evento, que hoje é uma das principais atividades culturais da região – e já faz parte de sua identidade.

Nesse sentido, é fundamental entender que pequenas iniciativas podem gerar grandes resultados. Mais importante do que o primeiro evento é o segundo, e mais importante que o segundo é o terceiro. Essa lógica mostra a continuidade, a criação de estrutura e a divulgação maior ao longo do tempo. Mostras de filmes e outras produções audiovisuais podem criar um circuito na região e, seguindo o caso de Gramado, até mesmo em âmbito nacional.

Diversas cidades contam com editais de incentivo audiovisual, assim como as esferas estaduais e a federal. Basta pesquisar quais editais podem favorecer o projeto na região. É preciso estar atento a questões de **direitos autorais**, como as músicas usadas em trilhas sonoras, que podem ter direitos a ser pagos ou autorizações a ser solicitadas.

Exemplo de projeto em audiovisual local

- **Título do projeto**: FANTASIA IV
- **Tema**: Documentário da Festa de São Gonçalo em Alcântara (RJ)
- **Proponente**: (Nome do artista)
- **Objetivos**: Registrar a festividade como patrimônio imaterial da região de Alcântara, em São Gonçalo (RJ); distribuir o material em espaços institucionais e em mostras de rua; valorizar a cultura local e o sentimento de pertencimento à cidade junto aos cidadãos participantes e ao público; divulgar a cultura local.
- **Descrição da ação**: O presente projeto visa registrar as festividades em homenagem ao santo padroeiro da região, São Gonçalo, conhecido como padroeiro casamenteiro das viúvas e dos músicos. A festividade, trazida pelos portugueses e em sincretismo com as culturas africanas e indígenas, retrata um momento de atividade tradicional de nossa comunidade. Seu registro será feito em média-metragem, em formato audiovisual, e passará por edições, dando origem a um documentário sobre a festividade e a cultura local. O documentário será inscrito nos festivais nacionais e internacionais de cinema e documentários, além de serem promovidas sessões abertas de cinema em espaços institucionais, escolas e praças públicas. Materiais de registro também serão enviados às escolas da região. Cópias também serão disponibilizadas nas redes sociais audiovisuais do projeto na internet.
- **Custos**: O custo total do projeto é de R$ 30.000,00, dividido entre os gastos de locação de equipamentos, locomoção e transporte de equipe e de materiais, produção e edição, pagamento de direitos autorais devidos, dez inscrições em mostras de cinema e sessões públicas do documentário, além dos custos cartoriais e de impostos.
- **Cronograma**: Ao todo, o projeto terá uma duração de três meses. Nos primeiros 15 dias, serão organizados a ação de registro e o treinamento da equipe. Os 15 dias seguintes serão reservados para o registro das festividades, bem como entrevistas com participantes e tomadas externas da cidade sem o festival. No segundo mês, será feita a edição e a produção final do documentário. No último mês, serão realizadas as inscrições em mostras e as apresentações públicas do documentário, bem como a avaliação dos resultados do projeto.

Esse projeto é simplificado, mas pode contribuir para a organização de ideias em audiovisual. Ressaltamos que o audiovisual requer equipamentos caros, mas que podem ser alugados. Caso o proponente do projeto não tenha experiência com a técnica, é interessante contratar uma equipe de audiovisual, colocando-a como parte do projeto e dos custos. Além disso, o apoio aos custos maiores pode ser angariado com o auxílio da Lei do Audiovisual.

A **Lei do Audiovisual** – Lei n. 8.685, de 20 de julho de 1993 (Brasil, 1993b) – é uma lei federal de investimento na produção, coprodução e exibição de trabalhos audiovisuais. Publicada em 1993, essa norma se manterá em vigor até 2021, podendo ser estendida por mais 20 anos, como ocorreu em 2001. A lei concede incentivos fiscais às pessoas físicas e jurídicas que adquirirem Certificados de Investimento Audiovisual, ou seja, títulos representativos de cotas de participação em obras cinematográficas. Para pessoas jurídicas, até 100% do investimento pode ser dedutível do Imposto de Renda (IR) – limitado a 4% do IR devido. Além das leis já conhecidas para as artes e a cultura, a Lei do Audiovisual é mais um incentivo à criação de projetos dessa natureza.

5.3 Festivais integradores: literatura, música, dança e teatro

Já mencionamos diversos projetos de artes visuais na cultura. Nesta seção, contudo, o enfoque será direcionado às demais linguagens artísticas: literatura, música, dança e teatro. Além de essas linguagens conversarem entre si, a literatura é a base do teatro, da mesma forma que teatro e dança são íntimos, tendo em vista que o corpo é o instrumento da ação. Na música, em sua autonomia ou em composição com o teatro e a dança, também são possíveis iniciativas de multilinguagens artísticas.

As **feiras de literatura** colocaram cidades como Paraty, no Rio de Janeiro, no mapa cultural do país e do mundo. Festivais de música, dança e teatro seguem o mesmo caminho. Mas, ao olhar para o local em contextos diversos, como o rural, o urbano-periférico ou o das minorias sociais, esses festivais podem ter um discurso duplo. Para além da oferta cultural, podem trazer o desenvolvimento de grupos sociais por meio da visibilidade.

Além das feiras tradicionais de literatura, existem as oficinas de escrita, a transcrição da cultura oral, a popularização de material regional, como os cordéis, a digitalização de acervos e as premiações de contos temáticos. Essas áreas podem suscitar iniciativas entre alunos, escritores, artesãos e instituições culturais e de ensino. Ações que envolvam contadores de história, leitores para crianças, idosos e pessoas com necessidades visuais, saraus literários e encenações literárias, que se aproximam da linguagem teatral, também podem ser interessantes.

A produção de trabalhos após a leitura ou, ao contrário, a produção de textos após uma experiência comum, podem ser exploradas em projetos menores, mas tão importantes quanto. Em regiões fronteiriças, as questões bilíngues podem aproximar literaturas estrangeiras, assim como imigrantes podem compartilhar suas histórias tradicionais com a população local, integrando conhecimentos e valores.

Na **música**, são possíveis iniciativas de bandas, orquestras e composições musicais menores. A criação de oficinas de música e de instrumentos, tanto para tocá-los quanto para produzi-los, é muito comum atualmente. Projetos de cantigas de roda e oralidades na tradição local, cirandas e jongos, por exemplo, podem resgatar memórias para as futuras gerações. Introdução de novos estilos musicais na região, competições de bandas locais, circuitos de bares com música ao vivo e festivais temáticos, como de *rock, reggae, pop, synthpop*, música eletrônica, música popular brasileira etc., podem aquecer ou até criar circuitos musicais na região.

A **dança** se divide em diversos gêneros, como dança folclórica, dança de espetáculo (balé), dança étnica, performática etc. Danças em festivais folclóricos, criação de grupos de dança contemporânea, balé, expressões em ritmos diversos, inclusão da terceira idade, criação de bailes, processos de conscientização corporal, entre outros, também são frequentes e contam com muitos exemplos exitosos que podem servir como modelos para novos projetos.

O **teatro** de rua, as encenações de obras de escritores regionais, de clássicos e temáticos, como de cordéis e folhetins, também podem oferecer muitas possibilidades.

Exemplo de projeto cultural em teatro rural

- **Título do Projeto**: FANTASIA V
- **Tema**: Filosofia e nossa realidade do cotidiano
- **Proponente**: Coletivo Nós do Campo
- **Objetivos**: Possibilitar o contato e a reflexão crítica da população local sobre sua realidade e seus hábitos por meio da encenação de ideias de grandes nomes da filosofia; usar a prática cultural como ferramenta de disseminação de conhecimento formal; democratizar o teatro e a filosofia em região rural.
- **Descrição da ação**: O presente projeto realizará montagens de peças de teatro baseadas nos principais conceitos filosóficos da atualidade, como de Michel Foucault, Simone de Beauvoir, Sartre e Deleuze, adaptadas para a realidade do camponês e do trabalhador agrícola. As peças serão curtas, de aproximadamente 30 minutos, e ocorrerão durante o intervalo de almoço nos acampamentos rurais de trabalhadores da cana-de-açúcar, que poderão se entreter e desenvolver pensamentos críticos sobre os dilemas expostos. Ao final do projeto, os registros das atividades serão enviados ao acervo municipal e às bibliotecas de universidades e seus polos presentes na região.
- **Custos**: O custo total do projeto é de R$ 3.000,00, dividido entre os gastos de locomoção e transporte, produção de figurino e pagamento dos atores, que desde agora assinam termo de compromisso de receber metade do salário comercial. Outros gastos, como os relativos a materiais e registros, já estão contabilizados e atendidos por apoiadores terceiros (produtores de cana-de-açúcar da região e cooperativas).
- **Cronograma**: A ação terá duração de um mês, composta de seis visitas, uma em cada acampamento de trabalhadores da região durante o almoço. Na primeira semana, ocorrerão os ensaios e a preparação dos atores para a ação. Na segunda e na terceira semanas, acontecerão as visitas e as encenações. Na quarta e última semana, serão editados os registros, que serão distribuídos, com os relatórios de resultados, aos apoiadores.

A prática também poderia ser de dança, música ou literatura. O interessante é ir atrás do público, que não teria condições de comparecer ao centro da cidade em horário comercial. Muitos indivíduos infelizmente acreditam que as ações culturais de teatro, literatura e festivais de dança não fazem parte de sua realidade. Por isso, projetos que aproveitam oportunidades de tempo e disponibilidade, como o horário de almoço – sem que atrapalhe a alimentação, com preferência para ações mais contemplativas nesse caso –, são sempre indicados.

Se o fato de contar com atores, mesmo que voluntários, encarecer o projeto, é possível estender telas para projeção de conteúdo digital. O mais importante é a oferta cultural ao público. Casos positivos de bibliotecas comunitárias e itinerantes – livros espalhados por pontos da região sem controle burocrático, os quais as pessoas levam para ler e devolvem ou trocam por outros espontaneamente – mostram que ideias simples podem ter grandes resultados.

5.4 Resgate da memória e valorização patrimonial

Além das artes visuais, existem os grupos folclóricos, culinários, casarões, ferramentas de trabalho, fotografias, hábitos e ritos que formam a identidade local. Os contextos sociocultural e econômico relacionam-se diretamente com as possibilidades de projetos e iniciativas culturais de uma região. O resgate da memória coletiva e a valorização patrimonial também merecem destaque em nosso conteúdo.

O **resgate de memória** é um campo de iniciativas no qual relatos de experiência de moradores, fotos antigas, mapas afetivos, documentários e outras propostas são criadas para recuperar e valorizar vínculos de pertencimento entre os cidadãos e o local. Artistas como a curitibana Giane Fischer fazem trabalhos bastante sensíveis em seus bairros. Produzir registros, recuperar memórias e incentivar as relações afetivas com o espaço são ações que podem se desdobrar em diversos trabalhos nas artes plásticas, no ensino e em outras dimensões.

Em seu trabalho Espaços Pendulares: "Entre-Territórios" – Reminiscências Poéticas em Vila Isabel (2013-2014), por exemplo, Fischer (2015) visitou diversos moradores do bairro curitibano Vila Isabel e pediu a eles que fizessem desenhos

> Produzir registros, recuperar memórias e incentivar as relações afetivas com o espaço são ações que podem se desdobrar em diversos trabalhos nas artes plásticas, no ensino e em outras dimensões.

de espaços antigos do bairro apenas usando papel, lápis e sua memória. Fotografias e práticas da poética pessoal da artista foram unidas e resultaram em sua pesquisa de especialização na Universidade Estadual do Paraná (UFPR), que contou com uma exposição formal, em espaço institucionalizado, e outra no próprio bairro, com os moradores.

Para resgatar a memória, há diversos caminhos, mas todos passam pelos moradores e frequentadores da localidade. Pode-se resgatar a memória espacial de construções, ruas, praças e árvores, bem como da vida privada dos moradores, por meio de fotografias, livros de receitas, ferramentas de trabalho e utensílios domésticos. Os resultados podem gerar exposições, acervos de centros culturais, trabalhos artísticos derivados, livros, catálogos, digitalização e disposição na internet, entre outros.

Ao lidar com a memória, também é possível pesquisar os grupos sociais que não mais estão presentes ou as atividades e culturas que se perderam na prática, como dos povos indígenas em determinadas cidades brasileiras. Esse resgate – presente em livros, antigas reportagens e trabalhos acadêmicos – pode indicar práticas esquecidas em projetos culturais investigativos.

É importante ter em mente que a memória é muito mais **subjetiva** e **coesa** do que prática. Os relatos pessoais sempre trarão cores advindas da experiência individual, inclusive do próprio gestor do projeto, que vai escolher e editar as informações de acordo com seus referenciais e interesses. Portanto, o resgate de memória seria menos um processo histórico tradicional e mais uma reinterpretação do passado dos indivíduos viventes no presente.

Em trabalhos com patrimônio, material e imaterial, as exigências de assertividade e fidelidade são bem maiores do que em projetos com memória. Um conto folclórico contado em resgates de memória pode tomar versões que não as consolidadas pelo consenso do coletivo. Isto é, o relato individual sobre determinados temas e acontecimentos é mesmo um relato individual, com os exageros e as omissões do locutor. Em estudos patrimoniais orais, diversos indivíduos são interrogados para diminuir as omissões e os exageros advindos de um ou outro.

Isso não significa que os resgates de memória são falsos ou pouco confiáveis – trata-se apenas de fontes e materiais distintos, com funções distintas. A memória mostra indicadores afetivos dos indivíduos com a região ou com uma prática cultural, ao passo que as questões patrimoniais lidam com dados mais pragmáticos, coerentes entre si, já que sua função é registrar e reproduzir práticas, valores e concepções. É quase como comparar um livro de poesia (memória) com um livro didático (patrimônio): ambos são importantes, mas têm funções culturais distintas.

No caso da **valorização patrimonial**, muito se produz em agrupamento de acervo, manutenção de casarões, objetos, transcrições de culturas orais e outras formas de materialização da história e da cultura passada. Em alguns casos, a valorização pode estar em projetos que releem o passado, ou seja, que projetam um olhar crítico sobre as histórias contadas e não contadas da região.

Em busca de reinterpretações históricas, as iniciativas culturais de valorização patrimonial criam espaços em museus já existentes, por exemplo, contando a história da construção da região, de suas primeiras famílias moradoras. Também contam sobre a participação de trabalhadores, escravos, empregados e outros grupos com pouca visibilidade histórica na região. As grandes construções, quase sempre, levam a história de seus donos, mas a dos que a construíram e a mantinham costuma ser esquecida. Iniciativas nesse sentido são válidas hoje e garantem a história não de um ou dois indivíduos da região, mas da própria população originária desses trabalhadores.

Das questões patrimoniais imateriais, já mencionamos as tradições alimentares, a oralidade, os festivais e a religiosidade. Um ponto que ainda não foi tratado é a **linguagem local**. Expressões, modo de fala, sotaques e modos de tratamento também podem ser considerados patrimônios imateriais de uma comunidade. Eles sinalizam origens históricas, práticas culturais e fomentam a identidade local. Investigar, promover o debate e a conscientização dos hábitos e costumes locais pode surpreender em termos de resultados, pois muitos não se percebem em práticas semelhantes até que sejam inseridos em espaços estrangeiros.

Vamos a mais um breve exemplo de projeto cultural, dessa vez relacionado à memória patrimonial de uma localidade. Optamos pelo uso de fotografias particulares para mostrar que até as práticas do espaço privado podem interessar e se relacionar com o espaço público.

Exemplo de projeto cultural patrimonial e de pertencimento local

- **Título do projeto**: FANTASIA VI
- **Tema**: Fotografias familiares e resgate patrimonial
- **Proponente**: (nome do artista)
- **Objetivos**: Realizar um resgate histórico das fotografias familiares de coleções particulares dos moradores para criação de acervo digital; construir um banco de dados visual sobre a história local por meio da vida privada; estabelecer acesso gratuito aos moradores e demais interessados por meio de plataforma virtual na biblioteca central e pela internet; fortalecer o sentimento de pertencimento e valorizar o patrimônio histórico-cultural da vida privada na cidade.
- **Descrição da ação**: O projeto é composto por cinco etapas: levantamento das fotografias de coleções particulares, bem como de autorização das famílias para digitalização e criação de acervo aberto ao público; digitalização do acervo; elaboração do material textual e edição do conteúdo para as plataformas virtuais; abertura do acesso ao público em tarde celebrativa no centro da cidade; relatórios da experiência de execução do projeto, seus resultados e testemunhos de participantes.
- **Custos**: O custo total do projeto é de R$ 8.000,00, dividido entre os gastos de locomoção e transporte, catalogação e digitalização das fotografias, edição de imagem digital, publicação na internet, confraternização simples de lançamento e produção dos relatórios finais, além dos custos cartoriais e de impostos.
- **Cronograma**: O projeto será realizado em dez meses a partir da data de liberação do patrocínio da Secretaria Estadual da Cultura. Durante os três primeiros meses, serão coletadas as fotografias. No quarto e no quinto mês, as fotografias serão digitalizadas e ordenadas de acordo com dimensões, gênero, temática e período de tiragem. Nos dois meses seguintes, serão feitas as plataformas digitais para sua publicação, com o material textual dialógico. No oitavo mês, será efetuado o lançamento da plataforma. Nos dois últimos meses, serão realizadas a coleta de resultados e os relatórios necessários para arquivamento e prestação de contas.

Para um projeto como esse, da mesma forma que nos demais exemplos anteriores, é preciso descrever melhor os gastos financeiros. Para cada custo, deve ser citado um valor. Por exemplo, informar o custo da digitalização, o custo específico dos custos cartoriais, da edição etc. Cabe ao proponente real calcular de acordo com a realidade local. No mais, o exemplo mostra que o projeto será realizado apenas com o aval da Secretaria da Cultura, ou seja, é uma proposta que precisa apenas do financiamento público para ocorrer, nos moldes de muitos projetos que buscam esse tipo de recurso.

Mais uma vez, ressaltamos que projetos podem ou não depender de financiamento ou patrocínio. Às vezes, o proponente consegue toda a verba de fundos pessoais. Outras vezes, custos são divididos entre apoiadores, como moradores e escolas da região, e o projeto conta com trabalho voluntário. De modo geral, mesmo nos casos em que não é necessário patrocínio direto, é importante manter uma tabela de custos para controlar imprevistos e prever planos de ação.

5.5 Debates socioculturais: gêneros, minorias, integração e fronteiras

Finalizando o presente capítulo, esta seção se dedica aos debates socioculturais, que também podem ser campo de iniciativas e projetos culturais. As minorias sociais quase sempre são minorias culturais, e poucas iniciativas conseguem de fato fazer a diferença nessa realidade. Questões como identidade de gênero, migração e refugiados, comunidades divididas por fronteiras entre nações e os atuais processos de integração regional demandam, nas grandes cidades e, principalmente, no interior do país, práticas e projetos culturais mais inclusivos.

Projetos que exaltem a diversidade, dando visibilidade ao outro, ao diferente, podem assumir diversas formas. Desde as artes visuais, passando por músicas, concursos, peças teatrais até eventos e celebrações, os projetos sobre minorias sociais (e culturais) são iniciativas relevantes para o desenvolvimento social. As famosas paradas pela diversidade, as manifestações de coletivos, as mostras de fotografias e audiovisual, os debates críticos, as atividades e oficinas podem suprir lacunas sobre temas que não ocupam espaços como escolas e câmaras municipais.

A questão da **mulher** na cultura, uma questão de gênero, pode incentivar projetos de coletivos femininos e resgate de práticas culturais das mulheres, como as carpideiras, parteiras e benzedeiras. Iniciativas que questionam a cultura da violência de **gênero**, como a violência doméstica, também podem ser projetadas na dimensão cultural, como em semanas de conscientização, iluminação de pontos turísticos da cidade, panfletagem de conscientização e produção de material.

Infelizmente, muitas violências que se verificam em nossa sociedade advêm de tradições e valores, não apenas no que diz respeito às questões de gênero, mas também no que se refere à violência contra animais, moradores de rua, idosos e imigrantes. Tradições que se sustentam em maus-tratos aos **animais**, por exemplo, pouco a pouco, vão recebendo propostas alternativas que mantêm a música, as danças e festividades sem o desrespeito à vida. **Idosos** e **órfãos** também recebem cuidados em projetos culturais de inclusão, como os geracionais – que aproximam crianças de orfanatos a moradores de asilos em práticas artístico-culturais.

Os **imigrantes** se dividem em *expatriados* (funcionários estrangeiros que vieram com suas empresas para nosso país), *refugiados* (que tiveram de abandonar sua pátria por motivos climáticos, de guerra ou perseguição), *apátridas* (que não possuem cidadania de nenhum país) e *trabalhadores imigrantes* (que vieram em busca de melhores condições de vida e oportunidades de emprego). Independentemente de sua classificação, todos gozam de um histórico pessoal e de valores culturais próprios que não precisam ser abandonados para a integração à cultura local que os recebe.

Algumas práticas culturais desses indivíduos, no entanto, podem ferir normas e regras legais. Nesse caso, eles devem ser aconselhados e orientados – não perseguidos ou violentados. É preciso ter boa vontade com os que chegam de fora, tudo é novidade para eles. Convidá-los a participar das atividades culturais da comunidade é fundamental para que possam se integrar, promovendo trocas enriquecedoras. Além disso, devemos auxiliar na realização de suas práticas culturais.

Exemplos de projetos que lidam com minorias estrangeiras são as feiras das nações, onde diversas barracas de gastronomia e artesanato são montadas em uma praça pública. Coleta de relatos e criação de bancos de memória desses indivíduos também são iniciativas interessantes, uma vez que oferecem para as próximas gerações o registro de seus antepassados e, com isso, a valorização da cultura originária.

No caso de **regiões fronteiriças**, como as cidades de Foz do Iguaçu, no Paraná, e Porto Velho, em Rondônia, as comunidades vizinhas são de culturas e nações estrangeiras. Diante desse cenário, é interessante propor projetos que aproximem as culturas, diminuam barreiras, como as dos idiomas, e fomentem a cooperação e a complementariedade regional. Cidades gêmeas (diferente de cidades irmãs) são exatamente as fronteiriças, que se integram por vias e pelo cotidiano de seus cidadãos, que transpassam as fronteiras nacionais. Essas cidades coladas por fronteiras oferecem uma grande riqueza para projetos culturais.

Todas as iniciativas analisadas anteriormente se encaixam nessa realidade fronteiriça, como resgate de memória, exposições artísticas, mostras de cinema, circuitos e debates culturais, festivais etc. Contudo, para que as iniciativas obtenham sucesso, é preciso levar em consideração as limitações nacionais, ou seja, se o transporte de material artístico pode cruzar a fronteira sem custos de alfândega e aduanas secas, se os vizinhos estrangeiros podem permanecer em território nacional durante toda a execução do projeto etc.

A Rede de Mercocidades, o Mercosul (Mercado Comum do Sul) e a Unasul (União de Nações Sul-Americanas) buscam diminuir as barreiras nacionais na América do Sul. Instituições de ensino como a Universidade Federal da Integração Latino-Americana (Unila) são um exemplo de espaço aberto para diversas iniciativas culturais de aproximação e cooperação entre os povos. Com ou sem espaços institucionais, no entanto, sempre há uma maneira de utilizar a cultura como um canal de aproximação e valorização da diversidade – e também dos direitos de cada pessoa.

> ### Exemplo de projeto multicultural
> - **Título do projeto**: FANTASIA VII
> - **Tema**: Multiculturalidade e diversidade cultural integrada
> - **Proponente**: Coletivo da Cidade
> - **Objetivos**: Integrar comunidades culturais distintas que compõem a diversidade cultural da cidade; valorizar a cultura dos imigrantes e das minorias.
> - **Descrição da ação**: O presente projeto visa estabelecer ações multiculturais no centro municipal de atividades culturais durante quatro finais de semana do mês de outubro. As ações contarão com apresentações de danças típicas e identitárias, tendas gastronômicas, competição de MCs, feira literária, mesas redondas com acadêmicos e professores e mostra de cinema temático.
> - **Custos**: O custo total do projeto é de R$ 35.000,00, dividido entre os gastos de locomoção e transporte dos materiais e convidados palestrantes, aluguel de equipamentos de som, segurança e informática, produção dos materiais de divulgação e registro, além dos custos cartoriais e de impostos.
> - **Cronograma**: O projeto terá as atividades praticadas nos quatro finais de semana do mês de outubro, contando com a participação da comunidade local e de convidados acadêmicos. Contudo, são necessários um mês de preparo, previamente ao primeiro final de semana de realização, e duas semanas posteriores ao término para encerrar a ação e produzir relatórios do evento. Com isso, o projeto terá duração total de dez semanas, a contar de 1º de setembro.

Mais uma vez, ressaltamos a importância de definir os valores pontualmente para cada gasto e descrever melhor a execução ao longo do tempo. Com esse exemplo, finalizamos a última etapa do presente capítulo de projetos culturais. No capítulo seguinte, trataremos de projetos de ensino e aprendizagem em contextos diversos, mas sempre utilizando as artes e a cultura como dimensão de iniciativas.

Síntese

Neste capítulo, buscamos mostrar possibilidades de iniciativas e projetos culturais em diferentes contextos. Para além dos espaços institucionais tradicionais, como museus e centros culturais, existem instituições apoiadoras, a exemplo de escolas e clubes esportivos, que podem favorecer iniciativas inclusivas.

As possibilidades em audiovisual, como documentários e curtas, bem como o uso da internet como ferramenta de divulgação – e até captação financeira – também foram mencionadas. Festivais de literatura, música, dança e teatro podem aquecer a região e não precisam surgir como grandes eventos – basta lembrar do exemplo do Festival de Cinema de Gramado.

O resgate de memória, diferentemente do resgate patrimonial, pode contribuir para práticas locais de valorização e sentimento de pertencimento da população em relação ao local. O patrimônio, além do material, como construções e objetos, também é composto pelo imaterial, ou seja, canções, contos, hábitos, receitas e festividades, que constituem oportunidades de crescimento profissional e projetos culturais.

Outro ponto abordado foi a situação fronteiriça e a múltipla culturalidade entre povos, como entre *hispanohablantes* e brasileiros. Projetos multiculturais podem ser um meio de integração dessas culturas, da mesma forma que podem diminuir desigualdades sociais e chamar a atenção para questões mais sensíveis – como a das minorias e as questões de gênero.

Indicações culturais

Sites

BANCO DO NORDESTE. Disponível em: <https://www.bnb.gov.br/o_banco/politica_de_patrocionio/patrocinios-2016/patrocinios-projetos-culturais>. Acesso em: 3 maio 2018.

Confira as possibilidades de patrocínio cultural do Banco do Nordeste, uma das agências financeiras da região.

COSTA, C. C. L. da. **Comunidades quilombolas**. In: BRASIL. Ministério dos Direitos Humanos. Secretaria Nacional de Políticas de Promoção da Igualdade Racial. 9 jun. 2015. Disponível em: <http://www.seppir.gov.br/comunidades-tradicionais/programa-brasil-quilombola>. Acesso em: 3 maio 2018.

Acesse o endereço eletrônico indicado e entenda um pouco mais sobre comunidades quilombolas com o Programa Brasil Quilombola.

MERCOCIUDADES. Disponível em: <http://www.mercociudades.org/pt-br>. Acesso em: 3 maio 2018.

Visite a produção de políticas públicas e iniciativas das cidades brasileiras e sul-americanas nas Unidades Temáticas da Cultura e da Educação da Rede de Mercocidades.

Atividades de autoavaliação

1. Assinale a alternativa que apresenta apenas exemplos de temas agraciados por projetos culturais:
    a) projetos esportivos, artísticos, religiosos e patrimoniais.
    b) projetos esportivos, artísticos, de segurança pública e patrimoniais.
    c) projetos de segurança pública, saúde, educação e artísticos.
    d) projetos de segurança pública, saúde, religiosos e patrimoniais.
    e) projetos de saúde religiosos, esportivos e patrimoniais.

2. Hoje a internet é uma ferramenta importante na divulgação e na captação de recursos para projetos audiovisuais. Assinale a alternativa que apresenta uma ideia de projeto conhecido como *vlog*:
    a) Pintar um único painel como intervenção urbana.
    b) Gravar em vídeo um diário popular sobre o cotidiano cultural local.
    c) Esculpir em mármore Carrara.
    d) Desenhar com giz de cera.
    e) Afinar instrumentos musicais.

3. Festivais de cinema podem receber tanto filmes ficcionais quanto documentários. Assinale a alternativa que apresenta corretamente a diferença entre projetos documentais e ficcionais:
   a) Projetos documentais criam conteúdos não reais, e projetos ficcionais elaboram conteúdo para novelas televisivas.
   b) Projetos documentais produzem conteúdos ficcionais, e projetos ficcionais constituem apenas um segmento do cinema de documentário.
   c) Projetos documentais retratam a realidade de um tema, um indivíduo ou uma prática, e projetos ficcionais objetivam encenar uma história não real.
   d) Projetos documentais buscam delinear a realidade de um tema, um indivíduo ou uma prática, e projetos ficcionais são entrevistas sobre acontecimentos do cotidiano.
   e) Projetos documentais digitalizam documentos para um acervo, e projetos ficcionais encenam textos de ficção científica.

4. Assinale a alternativa que traz um exemplo de iniciativa tradicional que une a linguagem da música e a do teatro:
   a) Festival de fotografias sociais.
   b) Festival de contos e literatura infantojuvenil.
   c) Festival de música popular brasileira.
   d) Festival de ópera a preço popular.
   e) Festival de pinturas de paisagem.

5. Assinale a alternativa que melhor responde à questão: "É possível afirmar que culturas ao redor do mundo são mais desenvolvidas em manifestações e valores do que outras?":

   a) Sim, culturas podem ser mais desenvolvidas do que outras. Um bom exemplo disso é a cultura europeia, que se desenvolveu mais do que as culturas latino-americanas e hoje é um exemplo a ser seguido.
   b) Sim, as culturas colonizadoras sempre foram mais ricas e desenvolvidas em seus valores e manifestações, tanto que conseguiram se sobrepor às culturas colonizadas.
   c) Sim, todos os povos têm direito de praticar sua cultura, mas umas são mais desenvolvidas em valores do que as demais, caso contrário, não teríamos povos melhores do que outros em leis, artes e moral.
   d) Sim, culturas ocidentais são mais desenvolvidas em valores e manifestações do que as orientais, salvo a chinesa e a indiana, que são mais antigas que a europeia e têm um maior número de praticantes.
   e) Não, pois inexistem culturas mais avançadas ou desenvolvidas do que outras, e cada cultura tem sua riqueza e sua adaptabilidade ao meio em que se desenvolve, bem como seus desafios.

Atividades de aprendizagem

Questões para reflexão

1. Como criar projetos culturais para valorizar grupos culturais sem agredir outros grupos culturalmente distintos?

2. Os projetos culturais em contextos periféricos podem tirar proveito dos movimentos artísticos locais? Como?

Atividade aplicada: prática

1. Identifique um desafio ao direito de acesso à cultura em um contexto diverso, como no campo, na periferia ou em relação a minorias de direitos sociais. Elabore um projeto simples para amenizar ou solucionar o problema. Escreva um breve texto expondo a importância de seu projeto como se estivesse pleiteando financiamento e apoio de instituições financeiras. Não se esqueça das contrapartidas, que podem ajudar a obter o financiamento com as instituições.

6

Possibilidades de ensino das artes em diferentes contextos

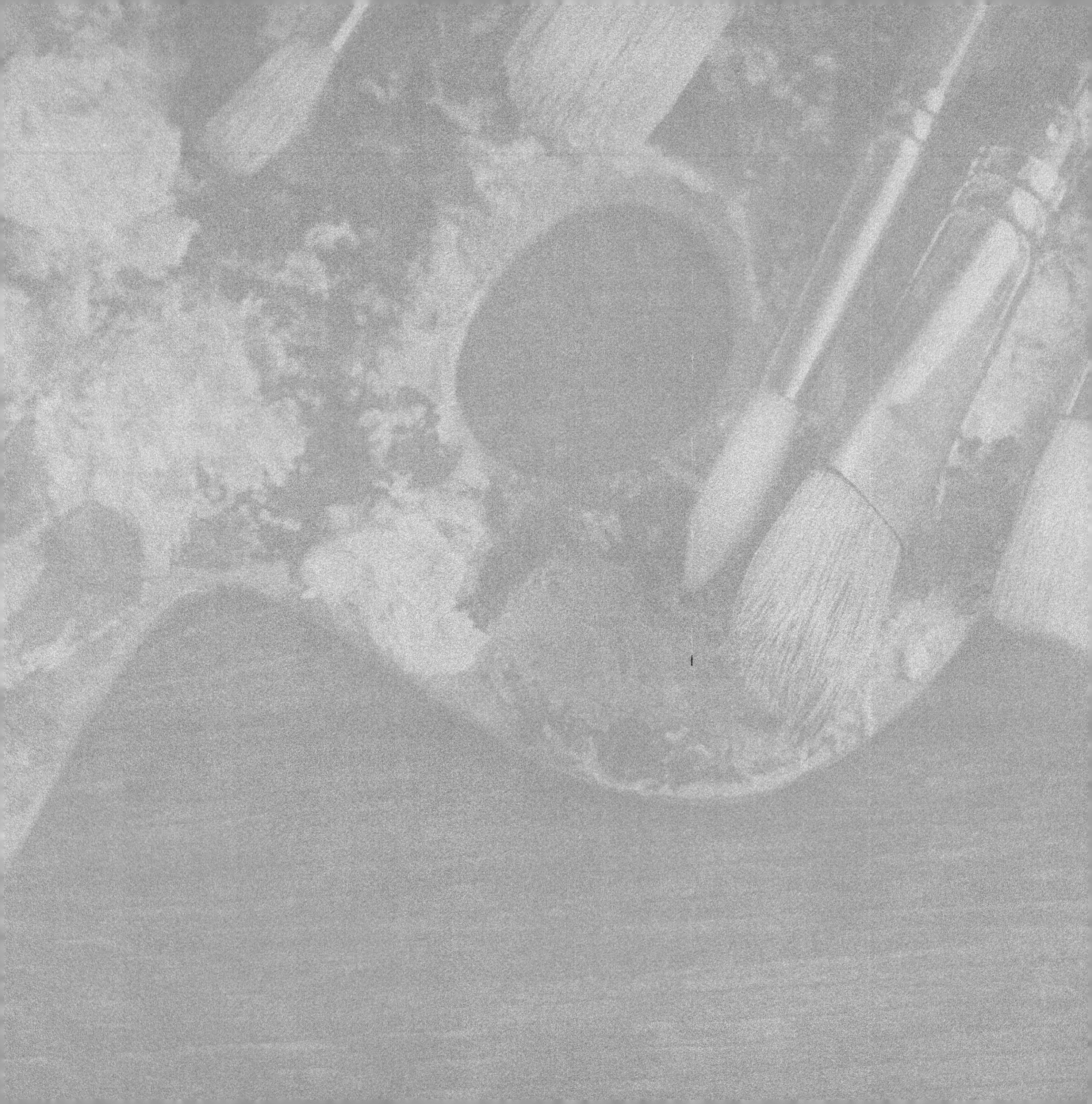

Nesta última etapa, trataremos de conteúdos importantes no que se refere às possibilidades de elaboração e execução de projetos do ensino das artes em diferentes contextos. São três os temas centrais do capítulo: elaboração de projetos de ensino em artes visuais e as responsabilidades e os desafios a que o proponente deve se ater quando o assunto é educação; iniciativas em contextos diversos com foco em soluções e oportunidades na relação dialógica entre ensino e aprendizagem e entre o agente do ensino e a ação social; projetos integradores disciplinares e uma solução para fortalecer áreas do conhecimento e angariar esforços em um processo de aprendizagem múltiplo de fontes e de resultados.

Assim, neste capítulo, nosso foco está voltado para o ensino das artes nos diferentes contextos artístico-culturais e suas possibilidades de aprendizado dentro e fora da sala de aula. O intuito é expor alguns exemplos, ainda que resumidamente, de possibilidades de projetos educacionais que tangem à dimensão artístico-cultural e ao ensino das artes visuais.

Em um primeiro momento, é importante compreender as possibilidades que existem fora dos muros da escola e como trazê-las para a sala de aula, tanto por meio de práticas quanto de conteúdo, inferindo que o ensino não precisa perpetuar métodos jesuítas, em que o aluno decora um conteúdo, pratica-o e é avaliado. O professor não deve ser uma figura que fala continuamente durante as aulas, pois a exposição de conteúdo pode ter diversas formas.

Discutiremos projetos de inclusão e práticas em sala e no espaço escolar, mas também o processo inverso, ou seja, a saída da sala de aula para o mundo. Projetos de extensão, visitas guiadas, integração de circuitos locais para o ensino das artes, visitas a ateliês de artistas, jogos culturais, entre outros, serão mencionados como possibilidades. Analisaremos, ainda, os cenários diversos de ensino, como os que envolvem grupos étnicos ou espaços urbano-periféricos, e a interdisciplinaridade.

O ensino das artes visuais tem limitações, como dificuldade de espaços apropriados para práticas, má compreensão da função do professor de Arte no espaço escolar – tratado pela coordenação e pelos pais como produtor artesanal de datas comemorativas e cenografia do espaço estudantil –, conteúdo formal de ensino deixado de lado em prol de processos recreativos ou carga horária de outras disciplinas etc. Os desafios são grandes, mas as oportunidades também.

O objetivo do ensino das artes visuais no espaço escolar é desenvolver o conteúdo formal, como história da arte, pensamento estético e processos técnicos, bem como a capacidade cognitiva e a de expressão, a materialização da intersubjetividade das ideias e os sentimentos do aluno, favorecendo sua sensibilidade. Projetos em ensino das artes que buscam ser completos e obter bons resultados precisam levar esses pontos em consideração.

Com relação ao conteúdo formal, não há muito mistério – a história da arte pode ser ensinada pelos livros e pela vivência na própria cidade. Por menor que seja a cidade, sempre existem registros artísticos acessíveis ou de fácil registro fotográfico para se trabalhar em sala de aula – ou em visitas guiadas. Da arte acadêmica, passando pela arte ingênua e artesanal, pela música e pelas atividades culturais, o professor conta com recursos variados para complementar os livros e dialogar com a realidade local.

No tocante ao pensamento estético, o importante é incentivar o debate a respeito do belo, do feio, da função da arte, dos gostos, dos sistemas de mercado e de exposições ou realizações. O desenvolvimento de percepções críticas, como questionar por que determinado conteúdo faz parte do acervo do museu local e outros não, sempre ajuda a situar o aluno diante da realidade local e de seus sistemas. A estética é a reflexão sobre a arte, e essa reflexão social e individual pode ser feita tanto dentro quanto fora do espaço escolar.

Os processos técnicos podem ser executados em ateliês ou em sala de aula. Muitas escolas não têm ateliês próprios para as artes, uma limitação muito difícil de superar, e solicitar que trabalhos com materiais diversos sejam feitos em casa nem sempre é uma boa ideia. Nesse caso, é interessante encontrar locais propícios fora da escola ou até criar projetos de adaptação do espaço da sala de aula.

Técnicas de pintura e gravura sujam o espaço de tinta e, em casos de gravura, com placas de metal, por exemplo, o ácido nítrico pode poluir o ar e fazer mal aos alunos se não for usada a devida proteção (luvas e máscaras de filtro de carbono). Na escultura, existe a preocupação com a sujeira de sólidos, como a argila. O pó de pedra e o de madeira também são tóxicos se não forem usadas máscaras de algodão para respirar, bem como luvas no caso do uso de formões. O uso de equipamentos elétricos, como serras e furadeiras, é quase inimaginável em nossas salas de aula – mas muito comum em escolas americanas e europeias.

O uso de materiais cortantes também pode gerar dilemas e proibições por parte da direção ou por demanda dos pais, além de, em realidades mais violentas, colocar em risco a segurança dos alunos e professores. É por tantas limitações que o ensino técnico das artes acaba prejudicado, restrito à pintura, ao desenho e às colagens. É preciso rever essa situação.

Projetos de visitas a ateliês de artistas ou a centros culturais específicos de linguagens, como ateliês-escola de gravura, de escultura etc., podem ser oportunidades para desenvolver as habilidades dos alunos e reforçar a aprendizagem do conhecimento formal. Caso não exista algo semelhante na região, o professor pode dar início a um, o que pode ser útil tanto para alunos da rede pública quanto da privada.

A capacidade cognitiva, ou seja, de aprendizado, por sua vez, é suportada muito mais pelo avanço do conhecimento na pedagogia. Os processos cognitivos de aprendizagem das artes visuais tratam da relação do aluno com a imagem, com o espaço, com seu corpo e seus sentidos. Jogos teatrais e a própria prática técnica podem ser ferramentas para uma cognição mais ampliada do que apenas ler e escrever sobre as artes.

Lado a lado com a cognição está a expressão. Expressar-se por meio de múltiplos materiais, além da fala e da escrita, é um dos objetivos do ensino das artes visuais. Muitos professores e pedagogos se limitam a esse objetivo como o mais importante – não é. Não existe um objetivo mais importante no ensino das artes visuais. Seria a mesma coisa que dizer que aprender a calcular é o objetivo mais importante das ciências exatas. Calcular sem raciocínio de percepção sobre cenários e situações não ajudaria mais do que uma calculadora.

A expressividade e a comunicação do aluno, nas artes, exploram outros meios e ferramentas, mas o foco não deve ser apenas esse. O conteúdo formal, a prática técnica e a percepção crítica da estética são tão importantes quanto. Por isso, em iniciativas e projetos de ensino das artes visuais, deve-se levar todos esses fatores em consideração.

O ensino das artes possibilita a materialização da intersubjetividade das ideias e dos sentimentos do aluno, o que significa que a arte também é um meio de autoconhecimento. Nela, o aluno testa seus valores, seus conhecimentos, seus sentimentos e vai amadurecendo como indivíduo. Materializar tudo isso em uma pintura ou escultura e entrar em contato com subjetividades pessoais, do outro e do coletivo, podem constituir um campo bem amplo, especialmente em iniciativas psicopedagógicas e, como consequência, o aluno desenvolve sua sensibilidade às artes, ao meio e a si mesmo.

Nesse sentido, esperamos que, após a leitura deste capítulo, você desenvolva sua sensibilidade aos contextos sociais diversos dos alunos e da prática do ensino e, consequentemente, possa criar seus próprios projetos de ensino em artes visuais. Identificar desafios e oportunidades na relação entre mundo e sala de aula será sempre uma constante do profissional da educação. Assim, diferenciar propostas multidisciplinares e interdisciplinares também é um dos objetivos do capítulo. É sempre válido pensar em projetos integradores, dentro e fora dos muros da escola.

6.1 Do mundo para a sala de aula: possibilidades nas artes

Iniciemos, agora, um breve resgate de possibilidades de projetos e iniciativas ligados ao ensino das artes visuais. Ao olhar para a sala de aula, percebemos um espaço institucionalizado que tem possibilidades, mas também limites. A arte pode ser feita em sala de aula, mas, de modo geral, o grande conteúdo formal e o pensamento estético foram e são construídos olhando para produções de artistas. Em teoria, os artistas são aqueles profissionais que estão em contato mais íntimo com o circuito e o sistema das artes na região. Portanto, fazer a ponte entre o artista e a sala de aula é quase uma obrigação do professor de artes.

Como trazer a arte e o artista para a sala de aula? De forma mais usual, as apresentações de **imagens**, projeções ou fotos em livros e revistas são minimamente razoáveis para essa experiência. Contudo, imagens limitam a percepção do aluno sobre o trabalho real, criando apenas uma referência temática sobre o objeto: "Ah, esse artista fazia vasos, aquele pintava cavalos, o outro esculpia reis em pedra e este aqui jogava tinta na tela".

Para fugir dessa simplificação do conteúdo, o professor pode convidar o artista para falar na escola, passar filmes e documentários sobre a vida do artista ou do movimento artístico (tendo cuidado para não se tornar enfadonho), propor pesquisas na biblioteca sobre vida e obra de artistas ou objetivos e ideais de movimentos artísticos, exercícios de associações entre imagens, textos etc. Reproduzir as técnicas, ainda que de forma limitada e substituindo materiais, também contribui para a aprendizagem.

As **visitas virtuais** a museus 360º, a mapas fototridimensionais (como o Google Street View) e acervos bidimensionais e tridimensionais digitalizados (em que é possível girar as peças) contribuem para levar o mundo para dentro da sala de aula. Tendo o professor como guia, a aula se torna uma verdadeira visita guiada a qualquer lugar do mundo, bastando uma tela que todos possam ver.

Se não houver recursos tecnológicos nem internet ou biblioteca com conteúdo de artes na escola, a solução é propor **iniciativas de prática**. Dessa forma, se o aluno não consegue ver imagens de quadros pontilhistas, ao menos pode experimentar o pontilhismo e absorver o conceito com a ajuda do docente. Escolas em aldeias podem ter essa dificuldade, bem como a não tradução de livros de arte para a língua local, dificultando a compreensão do contexto dos trabalhos na história da arte.

Iniciativas e projetos que trazem o mundo até a sala de aula talvez sejam as mais executadas pelos professores. Há diversos bancos de práticas na internet que podem servir como base e modelo de difusão de ideias de baixo custo e de fácil implementação. Mas existem outros projetos um pouco mais trabalhosos, como a integração entre **artistas locais** e alunos, a criação de um acervo bibliotecário em artes, a instalação de recursos audiovisuais em sala de aula e outras iniciativas que podem contar com financiamento público ou parcerias privadas para sua execução.

Os **alunos com necessidades** motoras, auditivas, visuais e intelectuais demandam projetos de adaptabilidade e de recursos para sua melhor aprendizagem. Por exemplo, iniciativas de quadros em relevo (feito pelos próprios alunos) e narrativas mais detalhadas das sensações das pinturas e esculturas podem ajudar os alunos de baixa visibilidade. Na arte, sempre existe uma solução para que todos possam acessar seu conteúdo, basta um pouco de criatividade.

Em relação aos **temas tabus**, como o nu na arte e a arte erótica, iniciativas de diálogo com os pais e funcionários da instituição para seguir as regras nacionais são importantes – é fundamental evitar situações que desgastem o espaço escolar perante a sociedade. Iniciativas de debates sobre a importância do tema do nu na arte, por exemplo, ou da arte sacra (que geralmente refere-se à católica) podem trazer especialistas e pais para o espaço escolar, para que estes tenham contato prévio com as imagens antes de serem expostas a seus filhos. Assim, com maior consciência do que os filhos aprenderão, eles podem se tornar menos hostis ao processo de aprendizagem.

O ensino das artes, durante muitas décadas, limitou-se ao desenho geométrico, às datas cívicas e comemorativas e à experimentação de técnicas, e muitas gerações se formaram sem contato com a história da arte. O **diálogo** entre todas as partes é sempre o melhor caminho.

Por fim, os espaços da escola podem ser aproveitados para iniciativas como feiras, mostras, festivais, exposições da produção dos alunos e, principalmente, da produção de artistas locais. Ciclos de debates, conversas com artistas, agentes culturais e outras personalidades locais no espaço escolar diminuem os muros da escola e favorecem um real aprendizado sobre a arte, a produção local e a realidade profissional.

> Exemplo de projeto de ensino artístico no espaço escolar
>
> - **Título do projeto**: FANTASIA VIII
> - **Tema**: Artesanato local – identidade e tradição
> - **Proponente**: (nome do professor)
> - **Objetivos**: Aproximar as práticas artesãs tradicionais da cidade do espaço da escola e dos alunos; desenvolver nos alunos a percepção crítica e a valorização do patrimônio material da região; entrar em contato com o mercado de trabalho na artesania local; obter conteúdo sobre a artesania para fomentar as práticas artísticas posteriores no ensino das artes visuais em sala de aula.
> - **Descrição da ação**: O presente projeto visa estabelecer visitas de artesãos locais que mantêm a tradição do uso da argila em suas criações para dialogar diretamente com os alunos dos últimos anos do ensinos fundamental e médio. As visitas ocorrerão no espaço escolar, durante as aulas de Arte, e o artesão terá entre 15 a 30 minutos para dissertar sobre sua produção e profissão. Os últimos minutos da aula serão reservados ao debate e a perguntas dos alunos ao artista. Após as visitas, as aulas seguem normalmente pelas semanas, com práticas artísticas com material e temática executados pelos alunos.
> - **Custos**: O custo total do projeto é de R$ 400,00, dividido entre os gastos de locomoção e transporte dos artesãos convidados e a compra do material para a prática dos alunos.
> - **Cronograma**: A ação durará, ao todo, quatro semanas. Na primeira semana, será feito o convite aos artesãos, que precisarão se preparar para as visitas na semana seguinte. Na segunda semana, ocorrerão as visitas. Na terceira e na quarta semanas, serão realizadas as práticas dos alunos, seguidas de uma pequena mostra no espaço comum da escola.

Esse projeto é simplificado, omitindo custos mais específicos e etapas do cronograma, mas pode ajudar a organizar as ideias para projetos futuros em sala de aula. O mais importante é levar em consideração as potencialidades e limitações do espaço escolar, bem como mediar a relação dos alunos com a arte.

Os projetos podem receber financiamento da própria escola ou buscar financiamento externo. De modo geral, o mais aconselhado é buscar projetos simples de baixo orçamento, que possam ser financiados com práticas simples de arrecadação, como venda de ingressos para festas escolares, fomentando práticas e experiências culturais.

6.2 Da sala de aula para o mundo: possibilidades nas artes

Levar as artes para o espaço da sala de aula é mais comum do que levar os alunos para fora dos muros da escola, mas ultrapassá-los também é preciso. Em propostas triangulares de ensino, como nas de Barbosa (1995, 2002), o processo de aprendizado passa pelo aluno, pelo conhecimento formal, pela prática e pelo papel do professor ao lidar com seus referenciais e os referenciais dos alunos. Nessa dinâmica, é preciso valorizar tantas experiências quanto forem possíveis, a fim de proporcionar múltiplos meios de aprendizagem, incluindo sair do espaço da sala de aula e acessar o conhecimento das ruas, do espaço púbico e das artes no mundo.

Muitas vezes, os professores se sobrecarregam com a preparação de aulas teóricas e práticas por todo o bimestre e se esquecem de que, além da teoria e da prática, os alunos também aprendem pela observação do cotidiano, pela assimilação do comum e de experiências pessoais, como em visitações. Às vezes, uma **visita guiada** pode valer por várias aulas teóricas e práticas em sala de aula.

Todavia, a logística de sair da sala de aula é complicada. A responsabilidade com os jovens perante os pais, os riscos e os imprevistos que podem ocorrer tornam as propostas de atividades externas estressantes, pois todos saem de sua zona de conforto. No entanto, com um bom planejamento, apoio escolar e ajuda de outros mestres, é possível tirar o peso de toda a responsabilidade das costas do professor de Arte. Assim como os projetos de captação de recursos podem demandar uma equipe, nas atividades fora da sala de aula também é preciso delegar tarefas.

Visitas guiadas a museus, ateliês de artistas, praças e monumentos, centros culturais, paisagens naturais e urbanas, festivais, teatros e universidades são as ações mais comuns para levar os alunos para o mundo. Mas há outras práticas menos frequentes, que também podem obter bons resultados.

Os **circuitos interescolares**, em que as crianças visitam outras escolas da região, podem se tornar projetos financiáveis, O objetivo dessas visitas pode ser ver o acervo de produção artística dos alunos, dialogar com professores diferentes, fazer observações sobre a realidade de outras escolas e produzir material etc. Esses circuitos também permitem competições culturais, criação de peças teatrais com alunos das escolas participantes e apresentações musicais.

De modo geral, os circuitos entre escolas integram jovens de diferentes áreas e previnem ou diminuem a competitividade de gangues na região. Se desde cedo os jovens conhecem a realidade uns dos outros, é possível que percebam as artes como um caminho comum para o desenvolvimento local.

Além dos circuitos, as **atividades para casa** – não os tradicionais exercícios de mostrar como fazer, solicitar aos alunos que façam em casa e tragam na próxima aula, em razão do tempo curto de aula e do acesso inexistente a materiais – podem ser mais longas e contínuas. Nesse sentido, podem ser implementadas as atividades de observação, anotações, criações de diários de ideias (diário de artista) para a produção de um trabalho final em uma linguagem determinada pelo professor, por grupos de alunos ou individualmente. E é possível transformar isso em um projeto à medida que recursos e organização estratégica sejam necessários para desenvolver a poética dos alunos.

Exemplo de projeto de desenvolvimento poético do aluno

- **Título do Projeto**: FANTASIA IX
- **Tema**: Poéticas visuais e seus registros pelos alunos
- **Proponente**: (nome do professor)
- **Objetivos**: Desenvolver a poética visual do aluno; debater os referenciais externos à escola nas práticas artísticas; promover exposição pública dos trabalhos realizados; discutir os resultados da experiência para a aprendizagem em artes visuais.
- **Descrição da ação**: O presente projeto visa incentivar as práticas artísticas dos alunos para além dos espaços da sala de aula, desenvolvendo uma poética visual própria. Em um primeiro momento, os alunos anotarão diariamente suas ideias em um diário de artista, que pode ser um caderno ou folhas avulsas organizadas por eles. Após o período de registro das ideias, haverá um debate em sala de aula sobre o desenvolvimento do processo. Em seguida, o aluno passa a executar sua poética artística na linguagem escolhida – pintura – utilizando os materiais que desejar, desde tintas e telas comerciais até pigmentos da terra, vegetais e suportes diversos. Ao longo dessa etapa, as aulas de Arte serão voltadas para debater os referenciais dos alunos sobre a realidade externa, sobre o dia a dia e o cotidiano de cada um. Finalmente, será organizada uma exposição pública nos muros externos da escola, voltada para a rua. Será feito um registro formal da ação por meio de fotografias e arquivamento de relatório na direção e na biblioteca da escola.
- **Custos**: O custo total do projeto é de R$ 30,00, referente ao valor da impressão colorida do registro da ação final para arquivamento na biblioteca.
- **Cronograma**: O projeto será desenvolvido em seis semanas. Na primeira semana, ocorrerá a explicação do projeto aos alunos. Na segunda e na terceira semanas, o aluno produzirá seu diário de artista por meio de observação do espaço público e de seus referenciais particulares. Na quarta semana, ocorrerão os debates para a execução dos trabalhos práticos de pintura. Na quinta semana, acontecerá a exposição. Na sexta semana, serão discutidos os resultados, bem como providenciadas a impressão da versão de registro da ação para a biblioteca e a publicação *on-line* do registro digital.

Esse projeto é simples e pode trazer bons resultados, muito mais do que exercícios para casa reproduzindo técnicas da história da arte. Contudo, para que funcione bem, é necessário um monitoramento constante das atividades dos alunos pelo professor, aconselhando, perguntando como está o processo de criação, indicando a observação crítica sobre o espaço do cotidiano do aluno e incentivando a experimentação de materiais, sobretudo dos mais baratos e, até mesmo, daqueles que podem ser obtidos de forma gratuita.

A diferença entre esse projeto e os exercícios tradicionais é que o aluno tem um tempo maior de observação sobre a realidade local, além da exposição dos resultados finais do trabalho em espaço público – do lado externo dos muros da escola. Essa situação deve ser bem trabalhada anteriormente com os alunos para não gerar ansiedade ou competições. Assim, com uma ação simples, o processo de aprendizagem dos alunos consegue ultrapassar os muros da escola.

6.3 Possibilidades de projetos em comunidades étnicas

Alguns professores atuam em comunidades étnicas, como indígenas, quilombos e colônias. Esses locais têm necessidades próprias no que tange à cultura e às práticas artísticas. É importante que a arte não seja uma imposição. Um exemplo disso é quando a história da arte europeia ocidental é colocada como uma evolução do mais primitivo para o mais refinado. Na verdade, a evolução na história da arte não significa aprimoramento ou retrocesso, mas apenas um caminho natural de percepções que têm como base as experiências socioculturais dos povos.

Como latino-americanos, temos certa dificuldade de nos distanciar dos processos artísticos ocidentais. Na verdade, não devemos rejeitá-los, mas ampliar nossa concepção de história da arte para os demais povos que compõem nossa região. Investigar o que é estético para grupos étnicos, como os indígenas, quilombolas, colonos, árabes e outros grupos, abre um leque de possibilidades de iniciativas e projetos, de resgates patrimoniais, culturais e artísticos e de propostas de ensino que viabilizem pontes entre saberes e práticas.

Professores que lecionam em comunidades indígenas e quilombolas, por exemplo, entram em contato com palavras, costumes culinários e, às vezes, até com idiomas próprios dessas comunidades, como o guarani. Embora haja poucos materiais sobre as culturas minoritárias em nosso país, as práticas continuam existindo. Ao professor cabe iniciar projetos que respeitem, valorizem e divulguem a **cultura local** e aproximem-na das práticas culturais tidas como formais na nação.

Como ensinar o renascimento da história da arte ou as práticas de gravuras em metal em comunidades que não compreendem a representação do homem como centro de todas as coisas e não têm tradição de instrumentalizar metais? A cosmovisão de alguns povos, a exemplo dos grupos indígenas brasileiros, não coloca o homem no centro de todas as coisas, como a principal medida aristotélica ou a ruptura ao místico da Idade Média. Essas percepções estão muito distantes desses grupos.

Contudo, não devem ser trabalhados apenas os referenciais locais, é preciso ofertar – e não impor – o conteúdo de **outras culturas**, como a história da arte ocidental. Nesse caso, o aconselhável é não colocar o conteúdo formal advindo de outras culturas no centro do aprendizado, mas como um conteúdo a ser consultado. Projetos de ensino precisam ser adaptados e reformulados, destacando a cultura local como o eixo-guia

> Investigar o que é estético para grupos étnicos, como os indígenas, quilombolas, colonos, árabes e outros grupos, abre um leque de possibilidades de iniciativas e projetos, de resgates patrimoniais, culturais e artísticos e de propostas de ensino que viabilizem pontes entre saberes e práticas.

do ensino das artes visuais e, pontualmente, trazendo informações sobre as demais culturas. É como contar o que acontece na história da China ou da Austrália, algo distante de nossa realidade, mas que se torna acessível se, como alunos, temos interesse nesse aprofundamento.

Nesse cenário, projetos que repensem o modo como o conteúdo tradicional será ofertado são muito válidos. Perspectivas pós-colonialistas, por exemplo, indicam que o grande problema reside em dar ênfase a uma prática distante de nossa realidade. É importante falar de Renascimento, mas não é aconselhável utilizar a cronologia da história da arte europeia como eixo das aulas.

Por exemplo, ao trabalhar com o artesanato de penas, é possível mencionar que, em outras partes do mundo, utilizava-se lã e algodão para criar enfeites, assim como pedras e metais. Ao falar de pintura no Renascimento, informar que muitos artistas, como Leonardo da Vinci, usavam a têmpera, ou seja, valiam-se do ovo como cola de pigmentos, da mesma forma que os nativos usam seiva de árvores e gordura em suas pinturas corporais. O enfoque não deve ser Leonardo da Vinci ou a pintura do período, mas as práticas locais – o renascimento e a arte de outras partes do mundo devem ser apenas uma referência.

Essa concepção pode ser estranha, pois vivemos em uma sociedade de proximidade ocidental, mas é necessário o **respeito às comunidades**. O artesanato, os ritos, as danças, as músicas, a culinária, os contos e as religiões locais devem ser trabalhados na disciplina de Arte. Aos alunos que demonstrarem maior interesse por temas sobre as artes ao redor do mundo podem ser ofertados livros mais tradicionais e materiais a que já estamos habituados.

Alguns projetos, como trazer para a sala de aula a interpretação de cânticos e lendas locais, reproduzindo-os em técnicas artesanais da comunidade, são uma boa opção para praticar técnicas e trabalhar o conhecimento teórico. Debater o que os alunos concebem como *arte*, sem que o professor induza as respostas, também é interessante. Ultrapassar os muros da escola e levar a cultura dos alunos para as comunidades vizinhas em projetos interescolares pode gerar bons resultados.

Projetos que adaptam o conteúdo formal das artes visuais à cultura local, como livros e materiais didáticos de associação e assimilação, são outra ideia. Também é válido permitir que minorias étnicas se expressem nas artes sobre sua realidade e seus pontos de vista, viabilizando trocas e integração com alunos de outros grupos sociais. De modo geral, as possibilidades de projetos em comunidades étnicas passam por respeito, resgate, valorização e divulgação de suas culturas.

Outro campo de possibilidades é diminuir barreiras e integrar culturas. Um dos grandes desafios hoje, em uma sociedade da informação, é evitar ou minorar os **estereótipos** atribuídos às minorias. Com tanta informação no cotidiano, nosso comportamento acaba estereotipando e agrupando essas minorias em compartimentos que variam do diferente, passando pelo estranho, até a xenofobia.

Estereótipos funcionam para facilitar nosso raciocínio diante de tantos grupos distintos. Contudo, eles resumem indivíduos e culturas a práticas que nem sempre correspondem aos indivíduos em questão. O preconceito e a xenofobia são muito comuns em sala de aula, tanto por parte dos alunos com eles mesmos, bem como por parte dos professores e funcionários da escola.

Evitar que os estereótipos nos ceguem diante da riqueza do outro é uma tarefa difícil, mas necessária. Para tanto, o caminho mais simples é o do **conhecimento** e do **diálogo**. Conhecer o outro, compreendendo suas práticas culturais e sua história de vida, mostra que o diferente pode ser mais semelhante do que se imagina. Em sala de aula, exercícios de afinidades (jogos e dinâmicas de escolha de cores, temas, objetos, jogos, ídolos adolescentes, filmes etc.) podem aproximar alunos que antes se colocavam como diferentes.

A seguir, apresentamos um exemplo simples de projeto em uma realidade étnica minoritária. O intuito desse exemplo não é criar uma fórmula perene sobre como fazer projetos, mas auxiliar na organização das ideias.

Exemplo de projeto em realidade étnica minoritária

- **Título do Projeto**: FANTASIA X
- **Tema**: Minorias étnicas e a arte da aproximação
- **Proponente**: (nome do professor)
- **Objetivos:** Aproximar alunos migrantes (árabes, bolivianos e haitianos) dos alunos brasileiros em sala de aula; trabalhar conceitos da pintura abstrata e teorias da cor; fomentar o trabalho em equipe.
- **Descrição da ação**: O presente projeto visa estabelecer práticas referentes à pintura abstrata e ao *action painting*, para aproximar alunos de diferentes contextos socioculturais. As aulas teóricas de arte abstrata serão lecionadas com apoio das teorias da cor. Após as aulas ministradas, os alunos serão reunidos de acordo com suas paletas de cor preferidas. As escolhas serão feitas em sigilo, para evitar a continuidade dos mesmos grupos de alunos que habitualmente fazem as práticas juntos. Após a formação dos grupos por cores, terão início as pinturas livres e libertadoras do *action painting* sobre cartolinas no chão. Cada grupo receberá quatro variedades de cor do mesmo espectro (quatro tipos de amarelo, azul, verde, vermelho, roxo etc.). Após a atividade, os alunos discutirão as emoções durante o processo, o significado das cores em suas culturas, como interpretam o trabalho final e de que forma o abstrato é recebido por elas. Por fim, será realizada uma exposição, com os relatórios ao lado dos trabalhos, para a comunidade escolar ou pública, a definir. Esse projeto pode ser estendido para a rede municipal de ensino fundamental e médio da região, com apoio da Secretaria de Educação e Cultura.
- **Custos**: O custo total do projeto é de R$ 50,00 por atividade, dividido entre os gastos de compra das cartolinas e tintas atóxicas.
- **Cronograma**: A atividade exige o prazo de uma semana para execução propriamente dita e a administração de seus resultados.

Nesse projeto simples, mas que pode ganhar proporções de iniciativas regionais e estaduais, praticam-se as artes, os conceitos e a integração dos alunos em torno dos gostos que têm em comum. O relevante, nessa situação, é a ação conjunta entre indivíduos de grupos socioculturais distintos, que, durante a atividade, vão dialogar e interagir sem a obrigatoriedade de acertar um padrão. A arte abstrata, nesse caso, é uma ferramenta para a prática e a socialização, que diminuem os estereótipos entre os alunos.

Como projeto, diversas atividades dessa natureza podem ganhar proporções maiores e ser candidatas ao financiamento de agências governamentais e entidades privadas. Outras linguagens e temas podem ser usados. Esse projeto pode ser uma constante, assim como outras atividades de inclusão e aproximação.

A valorização, a inclusão e a aproximação podem fazer parte da agenda oficial da escola. Semanas de atividades dessa natureza podem receber apoio de diversos agentes sociais e governamentais. Da mesma forma que devemos diminuir a distância entre esses grupos e as artes ao redor do mundo, também precisamos encurtar a distância que, muitas vezes, nossa sociedade impõe às minorias socioculturais.

6.4 Projetos em zonas urbano-periféricas

Já tratamos de projetos em cenários urbano-periféricos, nos quais valorizar a cultura local é uma possibilidade de iniciativa durante as aulas de Arte. E a complementação do ensino das artes visuais em outros horários? A exemplo das práticas de reforço de desenho no projeto **GrafiArte**, do professor Evânio Bezerra da Costa, em Minas Gerais – apresentado no Capítulo 2 –, a utilização dos horários ociosos pela arte pode ser muito produtiva. Mais do que reforçar conteúdos teóricos, o incentivo de práticas que quase sempre estouram os horários das aulas de Arte, deixando sempre alguma atividade por terminar, favorecem o aprendizado do aluno.

Projetos que captem recursos – da própria escola ou de outros agentes da região – podem financiar oficinas e grupos de pesquisa prática após as aulas de Arte. A compra de materiais e de equipamentos e a organização de visitas guiadas a espaços culturais ou de arte urbana (fora dos espaços institucionalizados) são caminhos possíveis. Com o simples ato de levar alunos diante de um monumento, uma fachada arquitetônica, um grafite ou a um museu, é possível trabalhar o conteúdo de sala de aula, mas criar roteiros de visitas baseados nos interesses dos alunos e que incentivem sua produção pessoal é melhor ainda.

Organizar grupos de alunos interessados em atividades extraclasses em artes visuais, dispor de temas que os próprios alunos escolham (desenho japonês, violência, gênero, arte urbana, grafite, moda dos bailes etc.) e investigá-los pode aumentar o interesse dos alunos pelo campo das artes. Sabemos que os horários de aula de Artes Visuais, assim como de muitas outras ciências, não são suficientes para abordar todas as possibilidades – vários pontos relevantes ficam de fora para dar vazão ao conteúdo formal exigido.

Muitos alunos sentem falta de desenvolver seus trabalhos nos temas que preferir, como qualquer outro artista faz. Nesses projetos extraclasses, é possível gozar dessa liberdade de produção. Com a mediação dos professores de Arte, os alunos podem problematizar as artes locais, produzir seus trabalhos e melhorar o aprendizado de técnicas e conteúdos teóricos por meio da prática constante.

Exemplo de projeto extraclasse em artes visuais

- **Título do Projeto**: FANTASIA XI
- **Tema**: Reflexão extraclasse entre artes e realidade social
- **Proponente**: Escola Municipal Vereda Tropical
- **Objetivos**: Desenvolver a reflexão crítica dos alunos ao relacionar a *pop art* dos Estados Unidos e os contextos social e urbano em que se encontram; tratar da contracultura do século XX na arte.
- **Descrição da ação**: O presente projeto visa estabelecer um circuito de cooperação entre as escolas públicas que ofertam o ensino médio na região da Baixada Santista, que apresentam índices elevados de violência e são a origem da maioria dos jovens participantes nos movimentos "rolezeiros" nos *shoppings* da cidade. O projeto é composto por quatro ações principais: identificação das escolas para firmamento das parcerias; exposição do conteúdo formal sobre *pop art* e contracultura no século XX durante as aulas de Arte nas respectivas escolas; ciclo de debates sobre ser "rolezeiro", com a participação dos alunos nas falas; ação coletiva de escolha de símbolos e imagens que representam esse estilo e que criticam as barreiras sociais encontradas por esses jovens na sociedade. Após essas quatro etapas, um grande painel será feito pelos alunos e professores das escolas usando a pintura e a colagem no muro em frente ao centro comercial, com as devidas permissões e aprovações legais.
- **Custos**: O custo total do projeto é de R$ 2.000,00, dividido entre os gastos de locomoção e transporte, material final da ação e produção do registro. Parte dos custos será paga pelo fundo do Programa Inclusão Social e Juventude Sem Violência, da Secretaria Estadual de Educação de São Paulo.
- **Cronograma**: Ao todo, o projeto terá duração de seis semanas. Primeira semana: reunião com professores das diversas escolas da região para firmamento do ato cooperativo. Segunda semana: realização das aulas sobre *pop art* e contracultura. Terceira semana: realização dos ciclos de debates com os alunos e professores nas escolas. Quarta semana: definição de símbolos e execução do painel público com todos os alunos e professores das escolas participantes do projeto. Quinta e sexta semanas: edição e divulgação dos registros.

Em contextos urbano-periféricos, é sempre difícil lidar com alguns temas, como violência, uso de drogas, desestruturação familiar e conflitos extraclasses. Fazer com que o jovem compreenda que é parte de algo maior pode ser uma solução. No projeto apresentado, ressaltamos o movimento dos "rolezeiros", mas podem ser outros, a depender da realidade local. É importante buscar informação sobre quais movimentos e ideologias estão presentes entre os jovens da escola e mostrar que muitos outros estão no mesmo cenário.

Como os demais exemplos de projetos, esse é apenas um exercício simplificado para auxiliar na organização das ideias. Desde práticas simples até projetos de integração entre escolas podem exigir dos professores envolvidos um apoio maior do que apenas a boa vontade. Contar com os alunos e demonstrar que eles são a parte mais importante do projeto é fundamental. Alguns podem até não estar interessados, mas com certeza muitos vão oferecer o apoio que faltava. Projetos educacionais não trazem ganhos apenas aos professores, mas também às escolas, aos alunos e à sociedade.

6.5 Projetos integradores: as artes e outras disciplinas

A diversidade social e cultural permite explorar muitos caminhos nas artes visuais, da produção ao ensino. Nesta seção, abordaremos, ainda que de forma bem simplificada, a relação entre as artes visuais e outras disciplinas nos ensinos fundamental e médio. Projetos *em* e *sobre* artes visuais podem dar lugar à interdisciplinaridade.

A **multidisciplinaridade** é a divisão de uma competência entre as disciplinas, sem que essas disciplinas se relacionem, no entanto. Na **interdisciplinaridade**, os conteúdos e as atividades perpassam as disciplinas para formar uma experiência única, ou seja, é possível ver uma unificação que não ocorre na multidisciplinaridade.

Por exemplo, a cores podem ser tratadas nas aulas de Arte e de Física, há – nesse caso, uma multidisciplinaridade. Quando o tema é a física da cor e sua relação estética nas aulas de Arte, verificamos a interdisciplinaridade. A interdisciplinaridade exige muito do professor, por demandar o domínio de conteúdos de outras ciências. Quando o professor se sente confortável para isso, os resultados são muito positivos.

Todavia, como é difícil que um professor domine outras ciências que não a de sua formação, existem **projetos integradores**, nos quais as artes fomentam o aprendizado de diversos conhecimentos em uma única experiência.

Nos casos mais simples, existe a cooperação entre professores em um único projeto, por exemplo: o professor de Literatura propõe atividades em conjunto com o professor de Artes para que o aluno aprenda mais sobre a linguagem teatral. Mas isso não seria multidisciplinaridade? Não. A multidisciplinaridade mantém o objeto de estudo limitado às teorias e aos métodos de cada disciplina, ou seja, se fosse mesmo multidisciplinar, estudaríamos apenas textos teatrais e seus estilos em Literatura, e a interpretação cênica em Artes. Na interdisciplinaridade, ambas as disciplinas abrem mão da rigidez de seus métodos para trabalhar em conjunto, somando informações para uma melhor compreensão do aluno sobre a linguagem teatral, no caso do exemplo – e não apenas sobre estilos literários ou o ato da encenação em si.

Além da multidisciplinaridade e da interdisciplinaridade, há a **transdisciplinaridade**. O primeiro pensador a usar o termo *transdisciplinaridade* foi Jean Piaget (1896-1980), mas muitos consideram um conceito não praticável, ou seja, idealizado e difícil de ser implementado.

Apenas a título de curiosidade, o significado prático de *transdisciplinaridade* seria o fim das disciplinas separadas, com o conhecimento integrado. Não existiria a disciplina de Artes Visuais, mas apenas seu conteúdo inserido em experiências pedagógicas, e da mesma forma ocorreria com os conteúdos de todas as outras disciplinas. Essa integração, contudo, esbarra em muitas dificuldades de implementação, inclusive de cunho legal.

Retornando à interdisciplinaridade, a disciplina de Artes Visuais pode contar com o trabalho complementar das demais: Educação Física e as linguagens teatrais e de dança; Literatura e História nos segmentos dos movimentos ideológico-artísticos que fomentaram escolas artísticas e processos político-sociais; entre outras. A interdisciplinaridade exige um diálogo constante entre os professores e um planejamento dos planos de ensino para que funcione corretamente. Atividades e eventos conjuntos também reforçam a possibilidade de bons resultados no processo de ensino e aprendizagem.

Projetos teatrais podem encenar textos literários de determinados momentos históricos e contar com as artes para a ambientação e a disposição cênica do período. Apresentações científicas sobre cores, formas e materiais podem ocorrer em conjunto com a Biologia, a Física e a Matemática. Por que acreditar que feira de ciências é apenas para as exatas e biológicas? As artes também podem ter seu espaço quando há um apoio interdisciplinar.

> Por que acreditar que feira de ciências é apenas para as exatas e biológicas? As artes também podem ter seu espaço quando há um apoio interdisciplinar.

Para além dos muros da escola, as práticas interdisciplinares podem fomentar projetos de visitação a marcos importantes para as disciplinas envolvidas, propor experiências sociais, como ajuda humanitária e voluntária, bem como processos reflexivos sobre a realidade local e até profissional.

Possibilitar que os alunos reflitam sobre as futuras carreiras, incentivando a investigação sobre profissionais das áreas escolhidas e quais temas são mais exigidos no dia a dia da profissão, com certeza indicará conteúdos interdisciplinares. Um marceneiro usa a geometria para seus cortes concomitantemente com a expectativa estética do material final. Um artista plástico, por mais sensível e experimental que possa ser em seu trabalho, lida com a física e a matemática em suas composições e trabalhos.

A seguir, propomos o último exemplo de projeto simplificado para, mais uma vez, incentivar futuras práticas e projetos. Com ou sem necessidades de financiamento, mais uma vez lembramos que é importante ter controle dos gastos, ainda que mínimos.

Exemplo de projeto interdisciplinar em Artes Visuais

- **Título do Projeto**: FANTASIA XII
- **Tema**: Interdisciplinaridade entre Artes Visuais e Geografia
- **Proponentes**: (nomes dos professores)
- **Objetivos**: Fortalecer o aprendizado do aluno sobre pigmentos minerais e sua origem; integrar o aprendizado na Arte e na Geografia; estudar os tipos de solo da região e como podem ser utilizados como material artístico; fomentar a autonomia dos alunos na produção de seus materiais artísticos; trabalhar a linguagem da pintura e do desenho. O presente projeto visa estabelecer interdisciplinaridade entre Artes Visuais e Geografia, no que se refere aos tipos de pigmentos e tipos de solo da região. O uso dos solos como pigmento favorece o aprendizado contínuo e concomitante entre os conteúdos formais das duas disciplinas.
- **Descrição da ação**: As ações consistem em aulas expositivas nas respectivas disciplinas, Artes e Geografia, sobre pigmentos e solo. Após as aulas expositivas, os alunos vão à campo coletar tipos de solos distintos, elaborando classificações e reações com outros materiais, como água e aglutinantes. Após selecionar os pigmentos desejados, os alunos tratarão o material para transformá-lo em pigmentos e elaborarão pinturas que dialoguem com as paisagens naturais ou urbanas da região, sempre em busca do atual desenho da linha do horizonte (se reta, se recortada por morros, prédios etc.). Após as atividades, será feita uma avaliação dos resultados.
- **Custos**: O custo total do projeto é de R$ 800,00, dividido entre os gastos de locomoção e transporte dos alunos, produção dos pigmentos com aglutinantes e suportes. Se o projeto vier a ser estendido para a rede municipal, o custo pode diminuir dada a possibilidade de transporte público gratuito da prefeitura.
- **Cronograma**: O projeto terá a duração de duas semanas. Na primeira semana, será feita a apresentação formal das disciplinas e de seus conteúdos. Na segunda semana, a visitação e a elaboração dos materiais e trabalhos finais. Os relatórios finais sobre a prática serão feitos pelos professores ao final da segunda semana e entregues aos departamentos responsáveis.

Além de projetos menores, é possível elaborar projetos maiores. A interdisciplinaridade, contudo, depende do diálogo e da organização estratégica das disciplinas e dos professores. Por isso, projetos como esse demandam uma organização ainda no início do ano letivo de cada turma, tornando difícil sua proposição no decorrer das aulas.

Síntese

O objetivo principal do presente capítulo foi tratar das diversas possibilidades de iniciativas e projetos de ensino nas artes visuais. Por mais que os contextos sociais e culturais sejam os mais variados em nosso país, é sempre possível encontrar soluções, dentro e fora das salas de aula, para valorizar as práticas didáticas e alcançar bons resultados no ensino.

Do mundo para a sala de aula ou da sala de aula para o mundo, o conteúdo formal, estético e prático das artes visuais pode ser explorado por meio de novas tecnologias, de iniciativas baratas e interdisciplinares. Estar em contato com as demais disciplinas, para além da multidisciplinaridade, pode resultar em processos de aprendizagem mais intensos e significativos para os alunos. Às vezes é melhor uma atividade fora da sala de aula, ainda que simples, do que diversas aulas teóricas sobre o mesmo tema.

É preciso dosar o conteúdo formal e as práticas. Projetos integradores, como entre as disciplinas de Artes Visuais e Geografia ou Física, são meios de superar o tratamento de conteúdos similares em práticas desconectadas. Abordamos, ainda, cenários rurais, étnicos e urbano-periféricos, muito mais em seus pontos de possibilidades do que em seus desafios tradicionais. Não impor verdades ou usar eixos culturais, como o europeu, para lecionar grupos étnicos é um cuidado que deve ser tomado.

De modo geral, os projetos de ensino das artes visuais em diferentes contextos devem desafiar barreiras sociais e utilizar a criatividade para identificar espaços e materiais abundantes no próprio entorno. Projetos de integração entre escolas, comunidades locais, pais e mestres, além de superar desafios locais, fortalecem o desenvolvimento mais consciente de uma sociedade. Por isso, caso venha a trabalhar com projetos culturais e de ensino, tenha a consciência de que suas iniciativas, por menores que possam parecer, podem ter resultados e reflexos muito maiores do que o esperado.

Indicações culturais

Sites

CARNEIRO, S. M. M. Interdisciplinaridade: um novo paradigma do conhecimento? **Educar em Revista**, Curitiba, n. 10, jan./dez. 1994. Disponível em: <http://www.scielo.br/scielo.php?script=sci_arttext&pid=S0104-40601994000100013>. Acesso em: 4 maio 2018.

> Pesquise mais sobre artigos de arte, cultura e educação na plataforma Scielo. É possível encontrar artigos científicos muito bons sobre os mais variados temas. Como exemplo, veja o artigo indicado, de autoria de Sônia Maria Marchiorato Carneiro, da Universidade Federal do Paraná, sobre interdisciplinaridade.

COSTA, E. B. da. **GrafiArte**: na periferia do grafite ao ensino de arte. 2008. Disponível em: <http://www.nupea.fafcs.ufu.br/pdf/8eraea/relatos_experiencia/grafiarte_evanio.pdf>. Acesso em: 4 maio 2018.

> Leia um pouco mais sobre o projeto GrafiArte, de Evânio Bezerra da Costa, disponibilizado pela Universidade Federal de Uberlândia. Pesquise também outros relatos de projetos de ensino das artes visuais em diferentes contextos.

TODOS PELA EDUCAÇÃO. **Jovens em situação de risco no Brasil**. Disponível em: <https://www.todospelaeducacao.org.br/biblioteca/1089/jovens-em-situacao-de-risco-no-brasil/>. Acesso em: 4 maio 2018.

> Um cenário delicado é o de jovens em situação de risco social. Contudo, ensinar e promover a cultura e as artes pode trazer resultados fantásticos e ajudar a mudar a vida desses jovens. Saiba um pouco mais sobre jovens em situação de risco acessando o *site* da ONG Todos Pela Educação.

Atividades de autoavaliação

1. Hoje, no Brasil, a grande dificuldade em implementar a transdisciplinaridade no ensino fundamental reside no fato de:
   a) a proposta estar vinculada a ideologias socialistas e de esquerda, uma vez que o país é neoliberal.
   b) a quantidade de anos do ensino fundamental ser muito grande.
   c) a transdisciplinaridade já ter sido implementada durante a ditadura militar, sem ter obtido bons resultados na rede pública enquanto esteve em vigor.
   d) a transdisciplinaridade só ter sido pensada para o ensino superior.
   e) a legislação não permitir a extinção das disciplinas moduladas e suas respectivas cargas horárias.

2. Assinale a alternativa que apresenta apenas recursos digitais para o ensino das artes em sala de aula:
   a) Materiais de prática do ateliê de escultura.
   b) Mobiliário da escola, preservado como patrimônio material.
   c) Feiras gastronômicas no centro de convenções da cidade.
   d) Acervos de museus disponíveis na internet.
   e) Apostilas impressas, disponibilizadas na secretaria.

3. Assinale a alternativa que apresenta um projeto interdisciplinar em artes visuais conectado ao cenário rural:
   a) Leitura dos escritores clássicos brasileiros para identificar seus estilos literários.
   b) Desenho livre.
   c) Exploração de pigmentos para pintura a partir dos tipos de solo da região.
   d) Olimpíada de atletismo.
   e) Olimpíada de matemática.

4. Projetos educacionais em contextos étnicos precisam levar em consideração a cultura do grupo e buscar trocas e interações com o professor. No Brasil, existem diversos contextos étnicos específicos, como o dos quilombolas, que criaram as próprias comunidades quase sempre afastadas dos grandes centros urbanos, preservando, assim, uma cultura muito particular. As sociedades quilombolas advêm de grupos:
   a) indígenas.
   b) afro-brasileiros.
   c) hindus.
   d) sino-nipônicos.
   e) grupos israelitas.

5. Afirmar que as práticas de ensino das artes visuais devem ultrapassar os muros da escola significa:
   a) integrar as realidades escolar e social, possibilitando práticas que tragam situações do cotidiano do aluno para o espaço escolar e que levem o aluno a experimentar situações fora da escola.
   b) implementar a transdisciplinaridade, extinguindo as disciplinas modulares.
   c) extinguir a escola como espaço institucional e possibilitar o ensino livre, sem normas e regras formais.
   d) ampliar fisicamente o espaço institucional da escola, para que novas estruturas possam ser anexadas, como quadras poliesportivas e refeitórios.
   e) inserir o aluno no mercado de trabalho como menor aprendiz, para que ele não fique com horas vagas em seu dia, o que pode levá-lo a enveredar pelo crime e outras práticas socialmente rejeitadas.

Atividades de aprendizagem

Questões para reflexão

1. Como foram as práticas de ensino que você experimentou como aluno que ultrapassaram os muros da escola?

2. De acordo com sua realidade, você identifica cenários diversos? Quais? Como esses cenários podem ser abordados no ensino das artes visuais?

Atividade aplicada: prática

1. Elabore um projeto simplificado, com orçamento de até R$ 500,00, para melhorar o aprendizado das artes visuais em determinada escola. Pense em um título, nos objetivos, nas atividades a serem realizadas, em como o recurso será gasto e no cronograma de todo o projeto. Defenda a importância desse projeto e os possíveis resultados positivos que sua implementação trará à escola.

Considerações finais

O presente livro contemplou, de forma breve e simplificada, ideias, possibilidades e orientações para a criação de projetos artísticos, culturais e de ensino das artes visuais nos diversos contextos sociais brasileiros. O intuito geral foi diminuir as incertezas e incentivar o leitor a iniciar projetos que podem mudar a realidade local e trazer ganhos para as artes e a cultura de sua sociedade.

Perpassando questões sobre o Estado e suas políticas públicas, o direito à cultura e alguns dos contextos de nossa realidade, cabe também ao artista, ao agente cultural e ao professor contribuírem para o desenvolvimento das artes e do ensino no país. As políticas públicas não conseguem dar conta de todas as demandas relacionadas à cultura, por isso é preciso ter a sensibilidade de enxergar desafios e a criatividade de propor soluções.

A elaboração de projetos requer atenção e pesquisa sobre práticas semelhantes já realizadas, mas nada impede que as ações sejam pioneiras. O importante é organizar ideias, custos, materiais, apoios e outras questões fundamentais para a realização da iniciativa. Os modelos de projetos apresentados ao longo dos capítulos desta obra podem ser uma contribuição inicial, mas é essencial não se limitar a esses modelos, devendo ser pesquisados editais e modelos já existentes de projetos artísticos, culturais e de ensino.

O projeto escolhido deve ser executado conforme descrito em sua candidatura. Mudanças durante o processo podem ser prejudiciais e, para evitá-las, é necessário buscar um planejamento estratégico com o controle de todas as variáveis possíveis, incluindo imprevistos. Após a realização do projeto, é imprescindível cumprir as contrapartidas e registrar os resultados (e o processo de execução), a fim de compor portfólio e garantir experiência para aprovação em novos projetos.

Com responsabilidade, sensibilidade ao local, respeito às partes envolvidas e comprometimento, muito pode ser feito. Em nossos cenários, marcados por desafios de produção artística, de acesso à cultura e ao ensino das artes, iniciativas bem planejadas, com certeza, farão a diferença. Não engavete seus projetos. Busque ajuda, apoio e promova as artes, a cultura e a educação em sua região.

Referências

AMARAL JUNIOR, A.; BURITY, J. A. (Org.). **Inclusão social, identidade e diferença**: perspectivas pós-estruturalistas de análise social. São Paulo: Annablume, 2006.

BARBOSA, A. M. (Org.). **Inquietações e mudanças no ensino da arte**. São Paulo: Cortez, 2002.

BARBOSA, A. M. **Teoria e prática da educação artística**. São Paulo: Cultrix, 1995.

BOAS, F. **Race, Language, and Culture**. New York: The Free Press, 1940.

BRASIL. Constituição (1988). **Diário Oficial da União**, Brasília, DF, 5 out. 1988. Disponível em: <http://www.planalto.gov.br/ccivil_03/Constituicao/Constituicao.htm>. Acesso em: 12 abr. 2018.

BRASIL. Lei n. 8.313, de 23 de dezembro de 1991. **Diário Oficial da União**, Poder Legislativo, Brasília, DF, 24 dez. 1991. Disponível em: <http://www.planalto.gov.br/ccivil_03/leis/L8313cons.htm>. Acesso em: 12 abr. 2018.

BRASIL. Lei n. 8.666, de 21 de junho de 1993. **Diário Oficial da União**, Poder Legislativo, Brasília, DF, 22 jun. 1993a. Disponível em: <https://www.planalto.gov.br/ccivil_03/leis/l8666cons.htm>. Acesso em: 16 abr. 2018.

BRASIL. Lei n. 8.685, de 20 de julho de 1993. **Diário Oficial da União**, Poder Executivo, Brasília, DF, 21 jul. 1993b. Disponível em: <http://www.planalto.gov.br/ccivil_03/leis/L8685.htm>. Acesso em: 7 dez. 2017.

CARVALHO, F. **Projeto "A palavra líquida" fala das questões de gênero por meio da arte**. 10 mar. 2017. Disponível em: <http://www.fabiocarvalho.art.br/palavraliquida.htm>. Acesso em: 12 abr. 2018.

COSTA, E. B. da. **GrafiArte**: na periferia do grafite ao ensino de arte. 2008. Disponível em: <http://www.nupea.fafcs.ufu.br/pdf/8eraea/relatos_experiencia/grafiarte_evanio.pdf>. Acesso em: 16 abr. 2018.

DISTRITO FEDERAL. Conselho de Educação. Resolução n. 1, de 11 de setembro de 2012. **Diário Oficial do Distrito Federal**, Brasília, DF, 18 out. 2012. Disponível em: <http://www.cre.se.df.gov.br/ascom/documentos/suplav/cosine/part_resolucao_1_2012_alterada.pdf>. Acesso em: 14 maio 2018.

FAAP – Fundação Armando Álvares Penteado. **Residência artística**: Edital 2018. Disponível em <https://central.faap.br/residenciaartistica/residencia-inscricoes.asp>. Acesso em: 15 maio 2018.

FISCHER, G. **Espaços pendulares**: "entre-territórios" – reminiscências poéticas em Vila Isabel. 18 maio 2015. Disponível em <http://gianefischer.blogspot.com.br/2015/05/espacos-pendulares-entre-territorios.html>. Acesso em: 3 maio 2018.

GONÇALVES, M. H. **A virada educacional nas práticas artísticas e curatoriais contemporâneas e o contexto de arte brasileiro**. 272 f. Dissertação (Mestrado em Artes Visuais) – Universidade Federal do Rio Grande do Sul, Porto Alegre, 2014. Disponível em: <http://www.lume.ufrgs.br/handle/10183/115180>. Acesso em: 14 maio 2018.

HÖRLLE, K. R. **Arte da periferia e arte na periferia**: reflexões sobre um teatro em trânsito. 43 f. Trabalho de Conclusão de Curso (Especialização em Pedagogia da Arte) – Universidade Federal do Rio Grande do Sul, Porto Alegre, 2011. Disponível em: <https://www.lume.ufrgs.br/handle/10183/29268?locale-attribute=en>. Acesso em: 14 maio 2018.

IBGE – Instituto Brasileiro de Geografia e Estatística. **Cidades**. Gramado. Disponível em: <https://cidades.ibge.gov.br/brasil/rs/gramado/panorama>. Acesso em: 3 maio 2018.

INGLEHART, R. **The Silent Revolution**: Changing Values and Political Styles Among Western Publics. Princeton: Princeton University Press, 1977.

KRASNER, S. D. Structural Causes and Regime Consequences: Regimes as Intervening Variables. **International Organization**, Massachussetts, v. 36, n, 2, p. 185-205, Spring 1982.

MIRANDA, A. C. F. A. O espaço como obra: ações, coletivos artísticos e cidade. **Mana**, Rio de Janeiro, v. 21, n. 3, p. 669-672, dez. 2015. Resenha. Disponível em: <http://www.scielo.br/scielo.php?script=sci_arttext&pid=S0104-93132015000300669>. Acesso em: 14 maio 2018.

NYE, J. S. The Regime Complex for Managing Global Cyber Activities. **Global Comission on Internet Governance**, Paper series, n. 1, May 2014. Disponível em: <https://www.cigionline.org/sites/default/files/gcig_paper_no1.pdf>. Acesso em: 14 maio 2018.

PERNAMBUCO. Secretaria de Cultura. **Edital Nacional do 27º Festival de Inverno de Garanhuns – 2017**. Disponível em: <http://www.cultura.pe.gov.br/wp-content/uploads/2017/03/edital-fig-2017.doc>. Acesso em: 13 abr. 2018.

PORTAL BRASIL. **Respeito à diversidade é uma forma de promover inclusão**. 4 nov. 2009. Disponível em: <http://www.brasil.gov.br/cidadania-e-justica/2009/11/respeito-a-diversidade-e-uma-forma-de-promover-inclusao>. Acesso em: 12 abr. 2018.

RIBEIRO, E. A consistência das medidas de pós-materialismo: testando a validade dos índices propostos por R. Inglehart no contexto brasileiro. **Sociedade e Estado**, Brasília, v. 22, n. 2, p. 371-400, maio/ago. 2007. Disponível em: <http://www.scielo.br/pdf/se/v22n2/05.pdf>. Acesso em: 14 maio 2018.

RIBEIRO, E.; BORBA, J. Participação e pós-materialismo na América Latina. **Opinião Pública**, Campinas, v. 16, n. 1, p. 28-63, jun. 2010. Disponível em: <http://www.scielo.br/scielo.php?script=sci_arttext&pid=S0104-62762010000100002>. Acesso em: 14 maio 2018.

RUGGIE, J. G. International Regimes, Transactions, and Change: Embedded Liberalism in the Postwar Economic Order. **International Organization**, v. 36, n. 2, p. 379-415, Spr. 1982. Disponível em: <http://ftp.columbia.edu/itc/sipa/U6800/readings-sm/rug_ocr.pdf>. Acesso em: 14 maio 2018.

SITE SPECIFIC. In: ENCICLOPÉDIA Itaú Cultural de Arte e Cultura Brasileiras. São Paulo: Itaú Cultural, 2018. Disponível em: <http://enciclopedia.itaucultural.org.br/termo5419/site-specific>. Acesso em: 13 abr. 2018.

UFMG – Universidade Federal de Minas Gerais. **Land art**. 2004. Disponível em: <https://www.ufmg.br/museumuseu/paisana/html/leituras/landart/01txt.htm>. Acesso em: 12 abr. 2018.

UNESCO – Organização das Nações Unidas para a Educação, a Ciência e a Cultura. **Patrimônio cultural imaterial**. Disponível em: <http://www.unesco.org/new/pt/brasilia/culture/world-heritage/intangible-heritage/>. Acesso em: 6 abr. 2018.

UNESCO – Organização das Nações Unidas para a Educação, a Ciência e a Cultura. **World Conference on Cultural Policies**: Final Report. Paris: Unesco, 1982. Disponível em: <http://unesdoc.unesco.org/images/0005/000525/052505eo.pdf>. Acesso em: 12 abr. 2018.

UNICAMP – Universidade de Campinas. **Manual de residências artísticas**. 10 dez. 2010. Disponível em <http://www.iar.unicamp.br/blog_av/wp-content/uploads/2010/12/Resid%C3%AAncia_artistica.pdf>. Acesso em: 4 maio 2018.

Bibliografia comentada

AMARAL JUNIOR, A.; BURITY, J. A. (Org.). **Inclusão social, identidade e diferença:** perspectivas pós-estruturalistas de análise social. São Paulo: Annablume, 2006.

Os desafios sociais impactam o dia a dia em sala de aula e na vida pública. O livro organizado por Aécio Amaral e Joanildo Burity traz uma percepção crítica sobre processos de exclusão e possibilidades da inclusão social. É importante entender que a participação de todos os grupos em nossas decisões públicas, bem como na defesa dos direitos individuais e da responsabilidade com o coletivo, pode contribuir para o desenvolvimento da sociedade. Ainda que de forma breve, os autores observam as diferenças como oportunidades.

Considerando perspectivas pós-estruturalistas, ou seja, nas quais o indivíduo detém a capacidade de agir, mesmo enfrentando estruturas tradicionalmente concebidas, os autores defendem a riqueza das diferenças e como estas contribuem para uma noção ampliada da cidadania. A cultura é vista como uma variável importante para explicar as relações de exclusão e inclusão e o respeito às diferenças, destacando a necessidade de compreender a cultura e as artes como ferramentas de associação, interpretação e afirmação da diversidade e da participação de grupos sociais periféricos na vida pública.

Os autores ainda alertam para o uso vazio do termo *inclusão social* em políticas de governos e agendas sociais, orientando uma necessidade de participação e construção conjunta, e não uma imposição vazia. Ainda que necessária, a inclusão social não pode atropelar os indivíduos, como ocorreria em processos políticos (do governo para a população), mas deve acontecer por meios democráticos, com debates e análises das realidades locais – tanto dos indivíduos quanto de suas práticas. Os autores ainda apontam que o termo *inclusão social* pode ser entendido como política de proteção (do Estado forte) ou como aumento da capacidade de consumo (neoliberalismo).

Considerando ambos os conceitos, é relevante ponderar se os projetos buscam ampliar o consumo dos indivíduos ou trazer o cumprimento de direitos fundamentais. No caso dos projetos culturais, portanto, cabe ao projetista pensar a inclusão que busca. A percepção crítica do que seria, de fato, uma inclusão social para os indivíduos atendidos deve estar sempre associada com as propostas apresentadas para o público-alvo (alunos, moradores, artistas, colegas etc.), sem fórmulas padrões, como apontam os autores no caso das práticas políticas brasileiras das últimas décadas.

BARBOSA, A. M. (Org.). **Inquietações e mudanças no ensino da arte**. São Paulo: Cortez, 2002.

Os textos de Ana Mae Barbosa são conhecidos em diversos campos do saber que envolvem a educação. Especificamente essa obra, sobre as mudanças no ensino das artes no Brasil, organizada pela autora, aponta preocupações relevantes em qualquer proposta educacional, tanto em sala de aula quanto por meio de projetos artísticos e culturais.

Os autores defendem que o simples fato de o ensino das artes estar em um currículo ou plano de ensino não significa que as artes estarão no processo de ensino e aprendizagem do aluno. O professor é o grande responsável por levá-las até ele. Até que ponto o professor poderia propor projetos artísticos-culturais para vivenciar com seus alunos o que Barbosa defende? Para além do ensino formal, as artes exigem sensibilidade, experimentações e contato com a realidade social.

No que se refere às grandes mudanças do ensino das artes, os autores indicam que hoje compreende-se uma maior responsabilidade da área para com a história e a sociedade em que professores e alunos se inserem. Por isso, de modo amplo, não se pode limitar o ensino de artes ao ensino de técnicas ou de conteúdos programados em livros de história da arte europeia. É preciso apresentar esses conteúdos, mas também aproximar o aluno da própria realidade – e cabe ao professor a grande tarefa de mudar o ensino das artes para que contribua mais para a sociedade.

CANEDO, D. "Cultura é o quê?" Reflexões sobre o conceito de cultura e a atuação dos poderes públicos. In: ENCONTRO DE ESTUDOS MULTIDISCIPLINARES EM CULTURA, 5., 2009, Salvador. Disponível em: <http://www.cult.ufba.br/enecult2009/19353.pdf>. Acesso em: 3 maio 2018.

A pesquisadora Daniele Canedo traça a relação entre as dificuldades de se definir o que é cultura e as políticas públicas do Estado. A autora também faz um resgate genealógico sobre as diversas compreensões do termo *cultura* ao longo da história para, finalmente, identificar qual seria o mais aceito no cotidiano científico e social hoje mediante um levantamento de entrevistas com especialistas e participantes de encontros culturais no Brasil.

A autora identifica que a cultura advém das práticas de costumes e tradições e que a ideia de *cultura* como produto acadêmico ou científico (debatido nas universidades) não é compartilhada pela maioria. Sobre as responsabilidades das práticas culturais, Canedo ainda identifica que a sociedade compreende que não constituem dever apenas do Estado, mas de todos. Governos e suas instituições, organizações civis e indivíduos fomentariam a chamada *democracia cultural*. Esse termo, também denominado *cidadania cultural*, propõe a concepção de que a população é o alvo principal das políticas públicas, da mesma forma que detém informações sobre os desafios e as oportunidades de sua realidade.

Dessa forma, a pesquisadora conclui defendendo a necessidade de formar profissionais conscientes para esse cenário e que as obrigações do governo não podem ser suprimidas, restando apenas a participação social. A ação conjunta pode fomentar o desenvolvimento de práticas – ainda que encontremos muitas dificuldades advindas dessa relação – como de socialização e de lidar com espaços informais, as quais fogem das atuais políticas públicas.

FARIAS, E. Economia e cultura no circuito das festas populares brasileiras. **Sociedade e Estado**, Brasília, v. 20, n. 3, p. 647-688, set./dez. 2005. Disponível em: <http://www.scielo.br/scielo.php?script=sci_arttext&pid=S0102-69922005000300007&lng=en&nrm=iso>. Acesso em: 14 maio 2018.

Edson Farias apresenta uma perspectiva importante sobre as potencialidades econômicas das festas populares no Brasil. Muitas vezes, acreditamos que apenas apresentações musicais e teatrais de grandes artistas movimentarão o público e trarão retorno financeiro a seus idealizadores. Contudo, iniciativas sobre a cultura local e seus costumes também podem ser um caminho para a profissionalização, além de valorizarem e preservarem bens imateriais de uma comunidade.

Crítico à ideia de que as festas populares seriam inferiores às de grande apelo comercial, o autor busca analisar circuitos de festivais ao longo do país e aponta para duas preocupações: a primeira seria a possível comercialização que desfigura o patrimônio local original, em busca apenas do consumo; a segunda seria como esses festivais poderiam articular afetos, estimas e estilos de vida das localidades em que são realizados. Sem perder a percepção crítica de que grandes festivais podem descaracterizar culturas locais, Edson Farias também aponta para essas possibilidades de ganhos, com a valorização do local compartilhada e celebrada por muitos.

Existe uma possibilidade de minorias e grupos marginalizados ascenderem por meio do lúdico-artístico, ainda que correndo o risco de perder sua identidade e ter sua cultura apropriada pelos interesses do setor econômico de serviços, como o do turismo? Essa pressão entre a busca por visibilidade e a valorização e a necessidade econômica resultaria em produtos diversos, desde os mais próximos à preservação das raízes culturais locais até o estereótipo dos festivais culturais apenas para arrecadação de dinheiro com o turismo e o entretenimento. Por isso, deve-se ter cuidado ao realizar projetos culturais sobre realidades distintas. A busca por retorno financeiro é sempre válida, mas com as ressalvas necessárias, a fim de que a origem das festividades não seja perdida a favor de modismos.

FURTADO, J. R.; ZANELLA, A. V. Graffiti e cidade: sentidos da intervenção urbana e o processo de constituição dos sujeitos. **Revista Mal-Estar e Subjetividade**, Fortaleza, v. 9, n. 4, p. 1279-1302, dez. 2009. Disponível em: <http://pepsic.bvsalud.org/scielo.php?script=sci_arttext&pid=S1518-61482009000400010&lng=pt&nrm=iso>. Acesso em: 3 maio 2018.

Janaina Furtado e Andréa Zanella relatam a experiência da intervenção urbana por meio do grafite (ou, como utilizado pelas autoras, *graffiti*). O grafite, muito mais do que uma pintura com tintas em *spray*, tornou-se um movimento de intervenções urbanas. Como expressão estética recorrente nas cidades brasileiras – e mundiais –, as autoras buscaram experiências e percepções críticas sobre essa arte em Florianópolis.

Em uma tentativa de identificar os sentidos atribuídos ao grafite urbano, em correlação com os percursos sociais que os originam e os legitimam no espaço público, observaram que mais do que diversão dos jovens, essa manifestação artística é uma busca por reconhecimento social e assume caráter de protesto diante das desigualdades sociais. Utilizando-se de Bakhtin e de Vigotski, autores reconhecidos no campo da educação e das ciências sociais, Furtado e Zanella constatam que o grafite é o registro e a intenção de comunicação de muitos jovens artistas que buscam vivenciar, à sua maneira – e de outras –, o espaço urbano.

O texto traz registros sensíveis de muitos jovens que deixam socialmente as práticas da pichação para assumir o grafite como uma produção que os valoriza como artistas urbanos. As autoras, discutem, então, o espaço urbano e a função de paredes, comunicação, pintura, arte institucional e pertencimento. Por fim, defendem que o grafite é uma arte que surge de movimentos jovens em busca de espaço na vida urbana e de visibilidade para experimentações, testemunhos e expectativas como integrantes de uma sociedade que, por vezes, se enrijece em relação à função do espaço urbano.

INGLEHART, R. **The Silent Revolution:** Changing Values and Political Styles Among Western Publics. Princeton: Princeton University Press, 1977.

Apesar de a obra sugerida estar em língua inglesa, os textos de Ronald Inglehart são tratados em diversos artigos em português e em muitos trabalhos que buscam compreender as diferenças na sociedade. Especificamente nesse texto, Inglehart faz sua principal contribuição ao definir os conceitos de sociedade materialista e pós-materialista. As *artes*, assim como muitos outros temas – como *direitos humanos* e *mobilização social* –, são tratadas de formas distintas em sociedades materialistas e pós-materialistas.

O autor propõe a principal diferenciação desses dois conceitos, mostrando que sociedades materialistas, preocupadas ainda com questões primárias de sobrevivência, como alimentação e segurança, podem se distanciar de temas como as artes no ensino superior. Muitos jovens optariam por profissões tidas como mais seguras nessas sociedades, como a medicina e a advocacia no Brasil. Em contrapartida, sociedades que contam com um maior desenvolvimento econômico e social se encontram na pós-materialidade e conseguem se preocupar com questões como cultura, ciências e artes, exatamente por não precisarem se preocupar com a sobrevivência. Sociedades pós-materialistas conseguiriam usufruir dos serviços sociais básicos, das liberdades individuais e da responsabilidade com o coletivo.

As prioridades políticas, portanto, seriam diferentes entre sociedades – e dentro da própria sociedade. Por isso, é importante observar as necessidades e as preocupações das comunidades em que se atua ou vive e buscar dialogar, encontrar meios mais receptivos de se comunicar e passar suas ideias. A obra sugerida pode contribuir para a compreensão do quanto as desigualdades sociais impactam as expectativas de pais, mestres, alunos e governantes sobre as práticas culturais, artísticas e de ensino.

KWON, M. Um lugar após o outro: anotações sobre site-specificity. **Revista Arte & Ensaios**, ano 15, n. 17, p. 167-187, 2008. Disponível em: <http://www.ppgav.eba.ufrj.br/wp-content/uploads/2012/01/ae17_Miwon_Kwon.pdf>. Acesso em: 3 maio 2018.

Miwon Kwon debate os conceitos de *site specific* e *site specificity* na arte. O fazer do artista pode alimentar diversos projetos, bem como a busca pelo ensino das artes. A autora traz um pensamento questionador sobre os limites do *site specific*, ou seja, dos trabalhos feitos para determinados locais, os quais, fora dali, perdem seu sentido e sua potencialidade, e o *site specificity*, isto é, as necessidades específicas do trabalho e do lugar na condição de arte.

Temas complexos das artes são tratados de forma simples por Kwon, cujos estudos de poéticas visuais revelam como o *site specificity* se associa à ideia do artista sobre o trabalho original. Analisando casos de trabalhos remontados em outros países (que não seu local original), a autora debate a ideia de originalidade do artista em montagens que ele não realizou. Ainda que tenha feito um trabalho para determinado local, as especificidades desse trabalho estão além da reconstituição do ambiente, ou seja, reproduzir um trabalho de *site specific* em outro local é possível, mas pode perder sua essência.

Essa essência pode ser tanto o local quanto outras sutilezas, como o momento, o público e as decisões do próprio artista. Trabalhos inteiramente idênticos, em locais idênticos, mesmo que distantes geograficamente, foram projetados para públicos diferentes, em realidades distintas e, possivelmente, em contextos e tempos também distintos. Por isso, para além de o lugar determinar a potencialidade de um trabalho, os processos de concepções também interferem em seu resultado final. Se o artista desmonta seu trabalho de um lugar específico para montar em outro, poderá obter um novo trabalho e, mesmo que o artista faça dois trabalhos idênticos, ainda assim poderão ser dois trabalhos distintos.

PELEGRINI, S. C. A. Cultura e natureza: os desafios das práticas preservacionistas na esfera do patrimônio cultural e ambiental. **Revista Brasileira de História**, São Paulo, v. 26, n. 51, p. 115-140, jan./jun. 2006. Disponível em: <http://www.scielo.br/scielo.php?script=sci_arttext&pid=S0102-01882006000100007&lng=en&nrm=iso>. Acesso em: 4 maio 2018.

O artigo de Sandra Pelegrini une, em uma análise, as esferas dos patrimônios culturais e ambientais fundamentais para a consolidação da cidadania e do desenvolvimento sustentável na América Latina. Educação patrimonial e educação ambiental podem ser tratadas em conjunto nas salas de aula e em projetos de resgate e preservação patrimonial. Segundo a autora, desde a década de 1990, os patrimônios cultural e natural foram reconhecidos como instrumentos da independência, da soberania e das identidades culturais latino-americanas; contudo, o grande desafio às práticas patrimoniais residiria na conscientização da população e de seus governantes sobre esses bens comuns.

Defendendo que a educação patrimonial não pode ser limitada apenas aos bens materiais (igrejas, monumentos, edifícios públicos etc.), a autora insere como um bem cultural a própria natureza. Para defender essa ideia, aponta para o fato de que muito da produção artística, artesanal e cultural tradicional (cerimônias, construções etc.) advém da relação do indivíduo com seu meio natural. O ambiente, portanto, interfere diretamente nas práticas e interações humanas. A pintura de animais silvestres, o uso de argilas e cipós para cestarias, as fábulas sobre plantas e animais nativos, entre outros, são exemplos de como o ambiente está associado à esfera patrimonial cultural.

Para Pelegrini, culinárias, medicinas, religiões e tantos outros bens materiais e imateriais também se associam à preservação do ambiente. A preservação de monumentos e bens materiais, portanto, deve colocar em pauta a preservação de bens ambientais. Uma prática artística contemporânea que se associa bastante com a valorização do ambiente local, por exemplo, seria a *land art*, que usa pedras, galhos e outros materiais do próprio local na composição do trabalho. Mas muitas outras existem, basta buscar compreender a relação entre cultura e ambiente.

SOVIK, L. Os projetos culturais e seu significado social. **Galaxia**, São Paulo, n. 27, p. 172-182, jun. 2014. Disponível em: <http://www.scielo.br/pdf/gal/v14n27/14.pdf>. Acesso em: 3 maio 2018.

Liv Sovik dialoga com as ideias de Stuart Hall, um importante pesquisador da sociedade. Ao tratar do tema *projetos culturais, socioeducativos e do ensino das artes*, a autora problematiza a realidade da juventude pobre e negra, tão estigmatizada com o imaginário da violência. Denunciando projetos sociais, artísticos e educativos como fontes de entusiasmo das mídias em busca de paz social (ordem e desenvolvimento), o texto mostra como iniciativas podem ser danosas para a imagem de grupos sociais e seus reais ganhos.

Muitos desses projetos, como o Olodum e outros documentários sobre favelas, dão visibilidade a causas e à realidade social. Contudo, a grande pergunta que a pesquisadora faz é: Será que a visibilidade consegue alterar o comportamento de outros grupos não afetados por essa realidade? Em certa medida, não. Refrãos de músicas que pedem igualdade social podem alcançar as classes A e B do Rio de Janeiro, mas dificilmente mudam o comportamento desses indivíduos em relação aos grupos marginalizados. A cultura e seus projetos tornam-se apenas um consumo.

Nem por isso os projetos sociais e culturais são irrelevantes. Se bem planejados, podem constituir mais do que uma iniciativa midiática, levando, de fato, ao debate e ao diálogo entre grupos diversos, os quais, por sua vez, poderão resultar em ações concretas. Superar os estigmas negativos e resultar em ações práticas de mudança e melhoramentos sociais é a grande problemática que torna o texto tão atual e relevante para os profissionais de artes, ensino e cultura.

THIRY-CHERQUES, H. R. **Projetos culturais**: técnicas de modelagem. Rio de Janeiro: FGV, 2006.

O trabalho de Hermano Thiry-Cherques busca diminuir a distância entre estudantes e acadêmicos em relação às oportunidades profissionais na área da cultura. Por meio de projetos, o texto defende a cultura como um campo de desenvolvimento econômico e profissional, além de trazer uma estrutura para a modelagem de projetos culturais. O autor orienta a delimitar o projeto, a buscar as informações necessárias e a entender o contexto da iniciativa, seus recursos e sua execução.

Para além de uma apresentação técnica (de etapas a serem seguidas), o autor traz debates contemporâneos sobre o agir na cultura como um espaço econômico e, ao mesmo tempo, um espaço de direitos sociais. Nessa discussão, aponta para a sensibilidade do projetista em entender o cenário no qual quer trabalhar – sem copiar modelos prontos. Assim, Thiry-Cherques utiliza o conceito de modelagem.

O autor entende a modelagem como a construção de um projeto que respeite estratégias, funcionalidades e praticidade, que considere relações entre finanças e cultura, justificativa social e investimentos e aversão a riscos por parte dos patrocinadores, por exemplo. Todas essas informações e percepções acabam por modelar os projetos que, mesmo buscando práticas iguais – como o ensino das artes –, tendem a se diferenciar por seu histórico de elaboração. As especificidades locais determinam adaptações e flexibilidades que alteram os meios e podem levar a resultados distintos da proposta original, sempre buscando o melhor resultado para a realidade encontrada.

VALENTE, T. da S. O papel do professor de educação artística. **Educar em Revista**, Curitiba, n. 9, p. 59-68, jan./dez. 1993. Disponível em: <http://www.scielo.br/scielo.php?script=sci_arttext&pid=S0104-40601993000100009&lng=en&nrm=iso>. Acesso em: 3 maio 2018.

Pensando sobre o papel do professor de artes, Tamara Valente, ainda nos anos 1990, apontou muitas questões que ainda se fazem relevantes. Inicialmente, a autora incita o leitor a uma reflexão sobre o papel do professor de artes, bem como sobre a necessidade de o professor buscar, ainda em sua formação (ou na formação continuada, caso já em prática), as bases história e social para sua atuação no ensino. Lecionar artes, portanto, não seria apenas repassar técnicas, mas incentivar alunos, crianças, jovens e adultos a perceberem criticamente suas realidades.

Após um resgate histórico do ensino das artes no Brasil, Valente defende que é na relação do professor com seus alunos que o conceito de arte pode ser definido. A relação entre como o professor compreende arte e como os alunos a entendem pode gerar facilidades ou dificuldades. Caberia, então, ao professor administrar essa situação com sensibilidade à realidade histórica e social de seus alunos e também das artes. Como uma das principais funções, o professor deve contribuir para a formação do sujeito-autônomo, ou seja, para que seus alunos se coloquem no mundo com consciência de si, do outro e de todas as potencialidades que seus atos possam trazer.

Nesse sentido, pensando em conformidade com a autora, é possível concluir que muitas experiências artísticas e culturais não serão encontradas em alguns livros didáticos. Por isso, é preciso que o professor estimule novas práticas e experiências e contribua para que o aluno alcance conteúdos que, sozinho – ou com o material formal –, teria dificuldades de acessar. Ainda que não se refira diretamente a projetos de ensino das artes, o texto é atual e lembra que o professor de Artes não deve ignorar a história de sua realidade, de sua formação e de seus objetivos diante do aluno.

VEIGA-NETO, A. Cultura, culturas e educação. **Revista Brasileira de Educação**, n. 23, p. 5-15, maio/ago. 2003. Disponível em: <http://www.scielo.br/pdf/rbedu/n23/n23a01>. Acesso em: 3 maio 2018.

O autor Alfredo Veiga-Neto é conhecido por defender a ideia de que os estudos culturais e a cultura não são uma instância superior às demais áreas do saber, como a pedagogia, a economia e outras. Na verdade, o autor afirma que as questões culturais – e a própria concepção de *cultura* – perpassam essas áreas. Ao lidar com temas pedagógicos, evidentemente, é preciso lidar com assuntos culturais, não como imposições à prática do ensino em sala de aula, mas como variáveis que podem ser trabalhadas e transformadas para o melhor aproveitamento do aluno, da turma e do professor.

O autor também busca a genealogia dos estudos sobre o conceito de cultura e compreende que hoje existem diversas interpretações. O debate sobre a genealogia do termo traz muitos questionamentos ao leitor, os quais podem favorecer a associação com outros autores que buscam conceituar a cultura como uma verdade absoluta para todas as ciências e práticas. Na verdade, o que o autor propõe é que o conceito de cultura foi apropriado por diversos campos e, hoje, existiria o perigo da confusão de pesquisadores ao escolher uma única definição, esquecendo-se do atual multiculturalismo.

Dessa forma, o artigo de Veiga-Neto contribui para a reflexão sobre os riscos de buscar uma única definição de *cultura*, como em dicionários, visto que isso pode limitar as práticas. Talvez um caminho viável seria elaborar uma definição teórica, como de antropólogos ou pedagogos, e somá-la à experimentação cultural inserida no próprio meio das práticas. Como cada comunidade tem valores próprios e cada indivíduo tem suas concepções culturais, o diálogo prévio é sempre o melhor caminho para evitar conflitos.

Respostas

Capítulo 1

1. a
2. b
3. c
4. d
5. e

Capítulo 2

1. e
2. d
3. c
4. b
5. a

Capítulo 3

1. a
2. b
3. c
4. d
5. e

Capítulo 4

1. e
2. d
3. c
4. b
5. a

Capítulo 5

1. a
2. b
3. c
4. d
5. e

Capítulo 6

1. e
2. d
3. c
4. b
5. a

Sobre o autor

Nascido em 1985, na cidade de Niterói, Rio de Janeiro, **Leonardo Mèrcher** vive desde 2010 em Curitiba, Paraná. É graduado em Relações Internacionais (2007) e especialista em Relações Internacionais Contemporâneas (2009) pela Pontifícia Universidade Católica do Rio de Janeiro (PUC-Rio). Mestre (2013) e doutor (2016) em Ciência Política pela Universidade Federal do Paraná (UFPR), foi o primeiro doutor em Ciência Política formado no Estado do Paraná. É também graduado em Licenciatura em Artes (2015) pelo Claretiano e bacharel em Escultura (2016) pela Escola de Música e Belas Artes (Embap) da Universidade Estadual do Paraná (Unespar), já tendo concluído duas especializações na área anteriormente: Comunicação, Cultura e Artes (2011) e História Social da Arte (2011), ambas pela Pontifícia Universidade Católica do Paraná (PUC-PR). Atualmente é professor de Artes e de Relações Internacionais na Universidade Positivo e no Centro Universitário Internacional Uninter. Tem diversos artigos acadêmicos publicados e expõe seus trabalhos artísticos em diversos museus e espaços ao redor do mundo.

Os papéis utilizados neste livro, certificados por instituições ambientais competentes, são recicláveis, provenientes de fontes renováveis e, portanto, um meio **respons**ável e natural de informação e conhecimento.

FSC
www.fsc.org
MISTO
Papel | Apoiando o manejo florestal responsável
FSC® C103535

Impressão: Reproset